GRöLS Verlage

„BÜCHER SIND WIE FALLSCHIRME. SIE NÜTZEN UNS NICHTS, WENN WIR SIE NICHT ÖFFNEN.“

Gröls Verlag

Redaktionelle Hinweise und Impressum

Das vorliegende Werk wurde zugunsten der Authentizität sehr zurückhaltend bearbeitet. So wurden etwa ursprüngliche Rechtschreibfehler *nicht* systematisch behoben, denn kleine Unvollkommenheiten machen das Buch – wie im Übrigen den Menschen – erst authentisch. Mitunter wurden jedoch zum Beispiel Absätze behutsam neu getrennt, um den Lesefluss zu erleichtern.

Um die Texte zu rekonstruieren, werden antiquarische Bücher von Lesegeräten gescannt und dann durch eine Software lesbar gemacht. Der so entstandene Text wird von Menschen gegengelesen und korrigiert – hierbei treten auch Fehler auf. Wenn Sie ebenfalls antiquarische Texte einreichen möchten, finden Sie weitere Informationen auf www.groels.de

Viel Freude bei der Lektüre wünscht Ihnen das Team des Gröls-Verlags.

Adressen

Verleger: Sophia Gröls, Im Borngrund 26, 61440 Oberursel

Externer Dienstleister für Distribution & Herstellung: BoD, In de Tarpen 42, 22848 Norderstedt

Unsere „Edition | Werke der Weltliteratur“ hat den Anspruch, eine der größten und vollständigsten Sammlungen klassischer Literatur in deutscher Sprache zu sein. Nach und nach versammeln wir hier nicht nur die „üblichen Verdächtigen“ von Goethe bis Schiller, sondern auch Kleinode der vergangenen Jahrhunderte, die – zu Unrecht – drohen, in Vergessenheit zu geraten. Wir kultivieren und kuratieren damit einen der wertvollsten Bereiche der abendländischen Kultur. Kleine Auswahl:

Francis Bacon • Neues Organon • **Balzac** • Glanz und Elend der Kurtisanen • **Joachim H. Campe** • Robinson der Jüngere • **Dante Alighieri** • Die Göttliche Komödie • **Daniel Defoe** • Robinson Crusoe • **Charles Dickens** • Oliver Twist • **Denis Diderot** • Jacques der Fatalist • **Fjodor Dostojewski** • Schuld und Sühne • **Arthur Conan Doyle** • Der Hund von Baskerville • **Marie von Ebner-Eschenbach** • Das Gemeindekind • **Elisabeth von Österreich** • Das Poetische Tagebuch • **Friedrich Engels** • Die Lage der arbeitenden Klasse • **Ludwig Feuerbach** • Das Wesen des Christentums • **Johann G. Fichte** • Reden an die deutsche Nation • **Fitzgerald** • Zärtlich ist die Nacht • **Flaubert** • Madame Bovary • **Gorch Fock** • Seefahrt ist not! • **Theodor Fontane** • Effi Briest • **Robert Musil** • Über die Dummheit • **Edgar Wallace** • Der Frosch mit der Maske • **Jakob Wassermann** • Der Fall Maurizius • **Oscar Wilde** • Das Bildnis des Dorian Grey • **Émile Zola** • Germinal • **Stefan Zweig** • Schachnovelle • **Hugo von Hofmannsthal** • Der Tor und der Tod • **Anton Tschechow** • Ein Heiratsantrag • **Arthur Schnitzler** • Reigen • **Friedrich Schiller** • Kabale und Liebe • **Nicolo Machiavelli** • Der Fürst • **Gotthold E. Lessing** • Nathan der Weise • **Augustinus** • Die Bekenntnisse des heiligen Augustinus • **Marcus Aurelius** • Selbstbetrachtungen • **Charles Baudelaire** • Die Blumen des Bösen • **Harriett Stowe** • Onkel Toms Hütte • **Walter Benjamin** • Deutsche Menschen • **Hugo Bettauer** • Die Stadt ohne Juden • **Lewis Caroll** • *und viele mehr….*

Friedrich Hölderlin

Gedichte

Inhalt

Die Stille

Die du schon mein Knabenherz entzücktest,
Welcher schon die Knabenträne floß,
Die du früh dem Lärm der Toren mich entrücktest,
Besser mich zu bilden, nahmst in Mutterschoß,

Dein, du Sanfte! Freundin aller Lieben!
Dein, du Immertreue! sei mein Lied!
Treu bist du in Sturm und Sonnenschein geblieben,
Bleibst mir treu, wenn einst mich alles, alles flieht.

Jene Ruhe – jene Himmelswonne –
O ich wußte nicht, wie mir geschah,
Wann so oft in stiller Pracht die Abendsonne
Durch den dunklen Wald zu mir heruntersah –

Du, o du nur hattest ausgegossen
Jene Ruhe in des Knaben Sinn,
Jene Himmelswonne ist aus dir geflossen,
Hehre Stille! holde Freudengeberin!

Dein war sie, die Träne, die im Haine
Auf den abgepflückten Erdbeerstrauß
Mir entfiel – mit dir ging ich im Mondenscheine
Dann zurück ins liebe elterliche Haus.

Fernher sah ich schon die Kerzen flimmern,
Schon wars Suppenzeit – ich eilte nicht!
Spähte stillen Lächelns nach des Kirchhofs Wimmern
Nach dem dreigefüßten Roß am Hochgericht.

War ich endlich staubigt angekommen,
Teilt' ich erst den welken Erdbeerstrauß,

Rühmend, wie mit saurer Müh ich ihn bekommen,
Unter meine dankenden Geschwister aus;

Nahm dann eilig, was vom Abendessen
An Kartoffeln mir noch übrig war,
Schlich mich in der Stille, wann ich satt gegessen,
Weg von meinem lustigen Geschwisterpaar.

O! in meines kleinen Stübchens Stille
War mir dann so über alles wohl,
Wie im Tempel war mirs in der Nächte Hülle,
Wann so einsam von dem Turm die Glocke scholl.

Alles schwieg und schlief, ich wacht' alleine;
Endlich wiegte mich die Stille ein,
Und von meinem dunklen Erdbeerhaine
Träumt' ich, und vom Gang im stillen Mondenschein.

Als ich weggerissen von den Meinen
Aus dem lieben elterlichen Haus
Unter Fremde irrte, wo ich nimmer weinen
Durfte, in das bunte Weltgewirr hinaus,

O wie pflegtest du den armen Jungen,
Teure, so mit Mutterzärtlichkeit,
Wann er sich im Weltgewirre müdgerungen,
In der lieben, wehmutsvollen Einsamkeit.

Als mir nach dem wärmern, vollern Herzen
Feuriger itzt stürzte Jünglingsblut;
O! wie schwelgtest du oft ungestüme Schmerzen,
Stärktest du den Schwachen oft mit neuem Mut.

Jetzt belausch ich oft in deiner Hütte
Meinen Schlachtenstürmer Ossian,

Schwebe oft in schimmernder Seraphen Mitte
Mit dem Sänger Gottes, Klopstock, himmelan.

Gott! und wann durch stille Schattenhecken
Mir mein Mädchen in die Arme fliegt,
Und die Hasel, ihre Liebenden zu decken,
Sorglich ihre grünen Zweige um uns schmiegt –

Wann im ganzen segensvollen Tale
Alles dann so stille, stille ist,
Und die Freudenträne, hell im Abendstrahle
Schweigend mir mein Mädchen von der Wange wischt –

Oder wann in friedlichen Gefilden
Mir mein Herzensfreund zur Seite geht,
Und mich ganz dem edlen Jüngling nachzubilden
Einzig vor der Seele der Gedanke steht –

Und wir bei den kleinen Kümmernissen
Uns so sorglich in die Augen sehn,
Wann so sparsam öfters, und so abgerissen
Uns die Worte von der ernsten Lippe gehn.

Schön, o schön sind sie! die stillen Freuden,
Die der Toren wilder Lärm nicht kennt,
Schöner noch die stillen, gottergebnen Leiden,
Wann die fromme Träne von dem Auge rinnt.

Drum, wenn Stürme einst den Mann umgeben,
Nimmer ihn der Jugendsinn belebt,
Schwarze Unglückswolken drohend ihn umschweben,
Ihm die Sorge Furchen in die Stirne gräbt,

O so reiße ihn aus dem Getümmel,
Hülle ihn in deine Schatten ein,

O! in deinen Schatten, Teure! wohnt der Himmel,
Ruhig wirds bei ihnen unter Stürmen sein.

Und wann einst nach tausend trüben Stunden
Sich mein graues Haupt zur Erde neigt,
Und das Herz sich mattgekämpft an tausend Wunden
Und des Lebens Last den schwachen Nacken beugt:

O so leite mich mit deinem Stabe –
Harren will ich auf ihn hingebeugt,
Bis in dem willkommnen, ruhevollen Grabe
Aller Sturm und aller Lärm der Toren schweigt.

Die Teck

Ah! so hab ich noch die Traubenhügel erstiegen,
Ehe der leuchtende Strahl an der güldenen Ferne hinabsinkt.
Und wie wohl ist mir! Ich streck im stolzen Gefühle –
Als umschlänge mein Arm das Unendliche – auf zu den Wolken
Meine gefalteten Hände, zu danken im edlen Gefühle
Daß er ein Herz mir gab, dem Schaffer der edlen Gefühle.
Mich mit den Frohen zu freuen, zu schauen den herbstlichen Jubel,
Wie sie die köstliche Traube mit heiterstaunendem Blicke
Über sich halten, und lange noch zaudern, die glänzende Beere
In des Kelterers Hände zu geben – wie der gerührte
Silberlockigte Greis an der abgeernteten Rebe
Königlich froh zum herbstlichen Mahle sich setzt mit den Kleinen,
O! und zu ihnen spricht aus der Fülle des dankenden Herzens:

Kinder! am Segen des Herrn ist alles, alles gelegen – –
Mich mit den Frohen zu freuen, zu schauen den herbstlichen Jubel
War ich herauf von den Hütten der gastlichen Freundschaft gegangen.
Aber siehe! allmächtig reißen mich hin in ernste Bewundrung
Gegenüber die waldigten Riesengebirge. – Laß mich vergessen,
Laß mich deine Lust, du falbigte Rebe, vergessen,
Daß ich mit voller Seele sie schaue, die Riesengebirge!
Ha! wie jenes so königlich über die Brüder emporragt!
Teck ist sein Name. Da klangen einst Harnische, Schwerter ertönen
Zwischen den moosigten Mauern der Fürsten und blinkenden Helme.
Eisern waren und groß und bieder seine Bewohner.
Mit dem kommenden Tag stand über den moosigten Mauern
In der ehernen Rüstung der Fürst, sein Gebirge zu schauen.
Mein dies Riesengebirge – so stolz –so königlich herrlich–?
Sprach er mit ernsterer Stirne, mit hohem, denkendem Auge –
Mein die trotzenden Felsen? die tausendjährigen Eichen?
Ha! und ich? – und ich? – bald wäre mein Harnisch gerostet
O! der Schande! mein Harnisch gerostet in diesem Gebirge.
Aber ich schwör – ich schwör, ich meide mein Riesengebirge,
Fliehe mein Weib, verlasse das blaue, redliche Auge,
Bis ich dreimal gesiegt im Kampfe des Bluts und der Ehre.
Trage mich mein Roß zu deutscher stattlicher Fehde

Oder wider der Christenfeinde wütende Säbel –
Bis ich dreimal gesiegt, verlaß ich das stolze Gebirge.
Unerträglich! stärker als ich, die trotzenden Felsen,
Ewiger, als mein Name, die tausendjährigen Eichen!
Bis ich dreimal gesiegt, verlaß ich das stolze Gebirge.
Und er ging und schlug, der feurige Fürst des Gebirges.
Ja! so erheben die Seele, so reißen sie hin in Bewundrung
Diese felsigten Mitternachtswälder, so allerschütternd
Ist sie, die Stunde, da ganz es fühlen, dem Herzen vergönnt ist. –
Bringet ihn her, den frechen Spötter der heilsamen Wahrheit,
O! und kommet die Stunde, wie wird er staunen und sprechen:
Wahrlich! ein Gott, ein Gott hat dieses Gebirge geschaffen.
Bringet sie her, des Auslands häßlich gekünstelte Affen
Bringet sie her, die hirnlos hüpfenden Puppen, zu schauen
Dieses Riesengebirge so einfach schön, so erhaben;
O, und kommet die Stunde, wie werden die Knaben erröten,
Daß sie Gottes herrlichstes Werk so elend verzerren. –
Bringet sie her, der deutschen Biedersitte Verächter,
Übernachtet mit ihnen, wo Moder und Disteln die grauen
Trümmer der fürstlichen Mauern, der stolzen Pforten bedecken.
Wo der Eule Geheul und des Uhus Totengewimmer
Ihnen entgegenruft aus schwarzen, lumpfigten Höhlen.
Wehe! wehe! so flüstern im Sturme die Geister der Vorzeit,
Ausgetilget aus Suevia redliche biedere Sitte!
Ritterwort und Rittergruß und traulicher Handschlag! –
Laßt euch mahnen, Suevias Söhne! Die Trümmer der Vorzeit!
Laßt sie euch mahnen! Einst standen sie hoch, die gefallenen Trümmer,

Aber ausgetilget ward der trauliche Handschlag,
Ausgetilget das eiserne Wort, da sanken sie gerne,
Gerne hin in den Staub, zu beweinen Suevias Söhne.
Laßt sie euch mahnen, Suevias Söhne! die Trümmer der Vorzeit!
Beben werden sie dann der Biedersitte Verächter,
Und noch lange sie seufzen, die fallverkündenden Worte –
Ausgetilget aus Suevia redliche biedere Sitte!
Aber nein! nicht ausgetilget ist biedere Sitte,
Nicht ganz ausgetilget aus Suevias friedlichen Landen – –
O mein Tal! mein teckbenachbartes Tal! – ich verlasse
Mein Gebirge, zu schauen im Tale die Hütten der Freundschaft.
Wie sie von Linden umkränzt bescheiden die rauchenden Dächer
Aus den Fluren erheben, die Hütten der biederen Freundschaft.
O ihr, die ihr fern und nahe mich liebet, Geliebte!
Wärt ihr um mich, ich drückte so warm euch die Hände, Geliebte!
Jetzt, o! jetzt über all den Lieblichkeiten des Abends.
Schellend kehren zurück von schattigten Triften die Herden,
Und fürs dritte Gras der Wiesen, im Herbste noch fruchtbar,
Schneidend geklopfet ertönt des Mähers blinkende Sense.
Traulich summen benachbarte Abendglocken zusammen,
Und es spielet der fröhliche Junge dem lauschenden Mädchen
Zwischen den Lippen mit Birnbaumblättern ein scherzendes Liedchen.
Hütten der Freundschaft, der Segen des Herrn sei über euch allen!
Aber indessen hat mein hehres Riesengebirge

Sein gepriesenes Haupt in nächtliche Nebel verhüllet,
Und ich kehre zurück in die Hütten der biederen
Freundschaft.

Hymne an den Genius Griechenlands

Jubel! Jubel
Dir auf der Wolke!
Erstgeborner
Der hohen Natur!
Aus Kronos Halle
Schwebst du herab.
Zu neuen, geheiligten Schöpfungen
Hold und majestätisch herab.

Ha! bei der Unsterblichen
Die dich gebar,
Dir gleichet keiner
Unter den Brüdern
Den Völkerbeherrschern
Den Angebeteten allen!

Dir sang in der Wiege den Weihgesang
Im blutenden Panzer die ernste Gefahr
Zu gerechtem Siege reichte den Stahl
Die heilige Freiheit dir.
Von Freude glühten
Von zaubrischer Liebe deine Schläfe
Die goldgelockten Schläfe.

Lange säumtest du unter den Göttern
Und dachtest der kommenden Wunder.

Vorüber schwebten, wie silbern Gewölk
Am liebenden Auge dir
Die Geschlechter alle!
Die seligen Geschlechter.

Im Angesichte der Götter
Beschloß dein Mund
Auf Liebe dein Reich zu gründen.
Da staunten die Himmlischen alle.
Zu brüderlicher Umarmung,
Neigte sein königlich Haupt
Der Donnerer nieder zu dir.
Du gründest auf Liebe dein Reich.

Du kommst und Orpheus Liebe
Schwebet empor zum Auge der Welt
Und Orpheus Liebe
Wallet nieder zum Acheron
Du schwingest den Zauberstab,
Und Aphrodites Gürtel ersieht
Der trunkene Mäonide.
Ha! Mäonide! wie du!
So liebte keiner, wie du;
Die Erd' und Ozean
Und die Riesengeister, die Helden der Erde
Umfaßte dein Herz!
Und die Himmel und alle die Himmlischen
Umfaßte dein Herz.
Auch die Blume, die Bien' auf der Blume
Umfaßte liebend dein Herz! –

Ach Ilion! Ilion!
Wie jammertest, hohe Gefallene, du
Im Blute der Kinder!
Nun bist du getröstet. Dir scholl

Groß und warm wie sein Herz,
Des Mäoniden Lied.

Ha! bei der Unsterblichen
Die dich gebar,
Dich, der du Orpheus Liebe,
Der du schufest Homeros Gesang

Hymne an die Menschheit

Les bornes du possible dans les choses morales sont moins étroites, que nous ne pensons. Ce sont nos faiblesses, nos vices, nos préjuges, qui les rétrécissent. Les âmes basses ne croient point aux grands hommes: de vils esclaves sourient d'un air moqueur à ce mot de liberté. – J. J. Rousseau

Die ernste Stunde hat geschlagen;
Mein Herz gebeut; erkoren ist die Bahn!
Die Wolke fleucht, und neue Sterne tagen,
Und Hesperidenwonne lacht mich an!
Vertrocknet ist der Liebe stille Zähre,
Für dich geweint, mein brüderlich Geschlecht!
Ich opfre dir; bei deiner Väter Ehre!
Beim nahen Heil! das Opfer ist gerecht.

Schon wölbt zu reinerem Genusse
Dem Auge sich der Schönheit Heiligtum;
Wir kosten oft, von ihrem Mutterkusse
Geläutert und gestärkt, Elysium;
Des Schaffens süße Lust, wie sie, zu fühlen,
Belauscht sie kühn der zartgewebte Sinn,
Und magisch tönt von unsern Saitenspielen
Die Melodie der ernsten Meisterin.

Schon lernen wir das Band der Sterne,
Der Liebe Stimme männlicher verstehn,
Wir reichen uns die Bruderrechte gerne,
Mit Heereskraft der Geister Bahn zu gehn;
Schon höhnen wir des Stolzes Ungebärde,
Die Scheidewand, von Flittern aufgebaut,
Und an des Pflügers unentweihtem Herde
Wird sich die Menschheit wieder angetraut.

Schon fühlen an der Freiheit Fahnen
Sich Jünglinge, wie Götter, gut und groß,
Und, ha! die stolzen Wüstlinge zu mahnen,
Bricht jede Kraft von Bann und Kette los;
Schon schwingt er kühn und zürnend das Gefieder,
Der Wahrheit unbesiegter Genius,
Schon trägt der Aar des Rächers Blitze nieder,
Und donnert laut, und kündet Siegsgenuß.

So wahr, von Giften unbetastet,
Elysens Blüte zur Vollendung eilt,
Der Heldinnen, der Sonnen keine rastet,
Und Orellana nicht im Sturze weilt!
Was unsre Lieb und Siegeskraft begonnen,
Gedeiht zu üppiger Vollkommenheit;
Der Enkel Heer geneußt der Ernte Wonnen;
Uns lohnt die Palme der Unsterblichkeit.

Hinunter dann mit deinen Taten,
Mit deinen Hoffnungen, o Gegenwart!
Von Schweiß betaut, entkeimten unsre Saaten!
Hinunter dann, wo Ruh der Kämpfer harrt!
Schon geht verherrlichter aus unsern Grüften
Die Glorie der Endlichkeit hervor;

Aus Gräbern hier Elysium zu stiften,
Ringt neue Kraft zu Göttlichem empor.

In Melodie den Geist zu wiegen,
Ertönet nun der Saite Zauber nur;
Der Tugend winkt zu gleichen Meisterzügen
Die Grazie der göttlichen Natur;
In Fülle schweben lesbische Gebilde,
Begeisterung, vom Segensborne dir!
Und in der Schönheit weitem Lustgefilde
Verhöhnt das Leben knechtische Begier.

Gestärkt von hoher Lieb ermüden
Im Fluge nun die jungen Aare nie,
Zum Himmel führt die neuen Tyndariden
Der Freundschaft allgewaltige Magie;
Veredelt schmiegt an tatenvoller Greise
Begeisterung des Jünglings Flamme sich;
Sein Herz bewahrt der lieben Väter Weise,
Wird kühn, wie sie, und froh und brüderlich.

Er hat sein Element gefunden,
Das Götterglück, sich eigner Kraft zu freun;
Den Räubern ist das Vaterland entwunden,
Ist ewig nun, wie seine Seele, sein!
Kein eitel Ziel entstellt die Göttertriebe,
Ihm winkt umsonst der Wollust Zauberhand;
Sein höchster Stolz und seine wärmste Liebe,
Sein Tod, sein Himmel ist das Vaterland.

Zum Bruder hat er dich erkoren,
Geheiliget von deiner Lippe Kuß
Unwandelbare Liebe dir geschworen,
Der Wahrheit unbesiegter Genius!
Emporgereift in deinem Himmelslichte,

Strahlt furchtbarherrliche Gerechtigkeit,
Und hohe Ruh vom Heldenangesichte –
Zum Herrscher ist der Gott in uns geweiht.

So jubelt, Siegsbegeisterungen!
Die keine Lipp in keiner Wonne sang;
Wir ahndeten – und endlich ist gelungen,
Was in Äonen keiner Kraft gelang –
Vom Grab erstehn der alten Väter Heere,
Der königlichen Enkel sich zu freun;
Die Himmel kündigen des Staubes Ehre,
Und zur Vollendung geht die Menschheit ein.

Hymne an die Freiheit

(1793)

Wonne sang ich an des Orkus Toren,
Und die Schatten lehrt' ich Trunkenheit,
Denn ich sah, vor Tausenden erkoren,
Meiner Göttin ganze Göttlichkeit;
Wie nach dumpfer Nacht im Purpurscheine
Der Pilote seinen Ozean,
Wie die Seligen Elysiens Haine,
Staun ich dich, geliebtes Wunder! an.

Ehrerbietig senkten ihre Flügel,
Ihres Raubs vergessen, Falk und Aar,
Und getreu dem diamantnen Zügel
Schritt vor ihr ein trotzig Löwenpaar;
Jugendliche wilde Ströme standen,
Wie mein Herz, vor banger Wonne stumm;
Selbst die kühnen Boreasse schwanden,
Und die Erde ward zum Heiligtum.

Ha! zum Lohne treuer Huldigungen
Bot die Königin die Rechte mir,
Und von zauberischer Kraft durchdrungen
Jauchzte Sinn und Herz verschönert ihr;
Was sie sprach, die Richterin der Kronen,
Ewig tönt's in dieser Seele nach,
Ewig in der Schöpfung Regionen –
Hört, o Geister, was die Mutter sprach!

„Taumelnd in des alten Chaos Wogen,
Froh und wild, wie Evans Priesterin,
Von der Jugend kühner Lust betrogen,
Nannt ich mich der Freiheit Königin;
Doch es winkte der Vernichtungsstunde
Zügelloser Elemente Streit;
Da berief zu brüderlichem Bunde
Mein Gesetz die Unermeßlichkeit.

Mein Gesetz, es tötet zartes Leben,
Kühnen Mut und bunte Freude nicht,
Jedem ward der Liebe Recht gegeben,
Jedes übt der Liebe süße Pflicht;
Froh und stolz im ungestörten Gange
Wandelt Riesenkraft die weite Bahn,
Sicher schmiegt in süßem Liebesdrange
Schwächeres der großen Welt sich an.

Kann ein Riese meinen Aar entmannen?
Hält ein Gott die stolzen Donner auf?
Kann Tyrannenspruch die Meere bannen?
Hemmt Tyrannenspruch der Sterne Lauf? –
Unentweiht von selbsterwählten Götzen,
Unzerbrüchlich ihrem Bunde treu,

Treu der Liebe seligen Gesetzen,
Lebt die Welt ihr heilig Leben frei.

Mit gerechter Herrlichkeit zufrieden
Flammt Orions helle Rüstung nie
Auf die brüderlichen Tyndariden,
Selbst der Löwe grüßt in Liebe sie;
Froh des Götterloses, zu erfreuen,
Lächelt Helios in süßer Ruh
Junges Leben, üppiges Gedeihen
Dem geliebten Erdenrunde zu.

Unentweiht von selbsterwählten Götzen,
Unzerbrüchlich ihrem Bunde treu,
Treu der Liebe seligen Gesetzen,
Lebt die Welt ihr heilig Leben frei;
Einer, Einer nur ist abgefallen,
Ist gezeichnet mit der Hölle Schmach;
Stark genug, die schönste Bahn zu wallen,
Kriecht der Mensch am trägen Joche nach.

Ach! er war das Göttlichste der Wesen,
Zürn ihm nicht, getreuere Natur!
Wunderbar und herrlich zu genesen,
Trägt er noch der Heldenstärke Spur;
Eil, o eile, neue Schöpfungsstunde,
Lächle nieder, süße güldne Zeit!
Und im schönern, unverletzten Bunde
Feire dich die Unermeßlichkeit."

Nun, o Brüder! wird die Stunde säumen?
Brüder! um der tausend Jammernden,
Um der Enkel, die der Schande keimen,
Um der königlichen Hoffnungen,
Um der Güter, so die Seele füllen,

Um der angestammten Göttermacht,
Brüder ach! um unsrer Liebe willen,
Könige der Endlichkeit, erwacht! –

Gott der Zeiten! in der Schwüle fächeln
Kühlend deine Tröstungen uns an;
Süße, rosige Gesichte lächeln
Uns so gern auf öder Dornenbahn;
Wenn der Schatten väterlicher Ehre,
Wenn der Freiheit letzter Rest zerfällt,
Weint mein Herz der Trennung bittre Zähre
Und entflieht in seine schönre Welt.

Was zum Raube sich die Zeit erkoren,
Morgen steht's in neuer Blüte da;
Aus Zerstörung wird der Lenz geboren,
Aus den Fluten stieg Urania;
Wenn ihr Haupt die bleichen Sterne neigen,
Strahlt Hyperion im Heldenlauf –
Modert, Knechte! freie Tage steigen
Lächelnd über euern Gräbern auf.

Lange war zu Minos ernsten Hallen
Weinend die Gerechtigkeit entflohn –
Sieh! in mütterlichem Wohlgefallen
Küßt sie nun den treuen Erdensohn;
Ha! der göttlichen Catone Manen
Triumphieren in Elysium,
Zahllos wehn der Tugend stolze Fahnen,
Here lohnt des Ruhmes Heiligtum.

Aus der guten Götter Schoße regnet
Trägem Stolze nimmermehr Gewinn,
Ceres heilige Gefilde segnet
Freundlicher die braune Schnitterin,

Lauter tönt am heißen Rebenhügel,
Mutiger des Winzers Jubelruf,
Unentheiligt von der Sorge Flügel
Blüht und lächelt, was die Freude schuf.

Aus den Himmeln steigt die Liebe nieder,
Männermut, und hoher Sinn gedeiht,
Und du bringst die Göttertage wieder,
Kind der Einfalt! süße Traulichkeit!
Treue gilt! und Freundesretter fallen,
Majestätisch, wie die Zeder fällt,
Und des Vaterlandes Rächer wallen
Im Triumphe nach der bessern Welt.

Lange schon vom engen Haus umschlossen,
Schlummre dann im Frieden mein Gebein! –
Hab ich doch der Hoffnung Kelch genossen,
Mich gelabt am holden Dämmerschein!
Ha! und dort in wolkenloser Ferne
Winkt auch mir der Freiheit heilig Ziel!
Dort, mit euch, ihr königlichen Sterne,
Klinge festlicher mein Saitenspiel!

Hymne an die Liebe

Froh der süßen Augenweide
Wallen wir auf grüner Flur;
Unser Priestertum ist Freude,
Unser Tempel die Natur; –
Heute soll kein Auge trübe,
Sorge nicht hienieden sein!

Jedes Wesen soll der Liebe,
Frei und froh, wie wir, sich freun!

Höhnt im Stolze, Schwestern, Brüder!
Höhnt der scheuen Knechte Tand!
Jubelt kühn das Lied der Lieder,
Festgeschlungen Hand in Hand!
Steigt hinauf am Rebenhügel,
Blickt hinab ins weite Tal!
Überall der Liebe Flügel,
Hold und herrlich überall!

Liebe bringt zu jungen Rosen
Morgentau von hoher Luft,
Lehrt die warmen Lüfte kosen
In der Maienblume Duft;
Um die Orione leitet
Sie die treuen Erden her,
Folgsam ihrem Winke, gleitet
Jeder Strom ins weite Meer;

An die wilden Berge reihet
Sie die sanften Täler an,
Die entbrannte Sonn erfreuet
Sie im stillen Ozean;
Siehe! mit der Erde gattet
Sich des Himmels heilge Lust,
Von den Wettern überschattet
Bebt entzückt der Mutter Brust.

Liebe wallt durch Ozeane,
Höhnt der dürren Wüste Sand,
Blutet an der Siegesfahne
Jauchzend für das Vaterland;
Liebe trümmert Felsen nieder,

Zaubert Paradiese hin –
Lächelnd kehrt die Unschuld wieder,
Göttlichere Lenze blühn.

Mächtig durch die Liebe, winden
Von der Fessel wir uns los
Und die trunknen Geister schwinden
Zu den Sternen, frei und groß!
Unter Schwur und Kuß vergessen
Wir die träge Flut der Zeit,
Und die Seele naht vermessen
Deiner Lust, Unendlichkeit!

Griechenland

An Gotthold Stäudlin

Hätt' ich dich im Schatten der Platanen,
Wo durch Blumen der Ilissus rann,
Wo die Jünglinge sich Ruhm ersannen,
Wo die Herzen Sokrates gewann,
Wo Aspasia durch Myrten wallte,
Wo der brüderlichen Freude Ruf
Aus der lärmenden Agora schallte,
Wo mein Plato Paradiese schuf,

Wo den Frühling Festgesänge würzten,
Wo die Fluten der Begeisterung
Von Minervens heil'gem Berge stürzten –
Der Beschützerin zur Huldigung –
Wo in tausend süßen Dichterstunden,
Wie ein Göttertraum, das Alter schwand,
Hätt' ich da, Geliebter, dich gefunden,
Wie vor Jahren dieses Herz dich fand!

Ach, wie anders hätt' ich dich umschlungen! –
Marathons Heroen sängst du mir,
Und die schönste der Begeisterungen
Lächelte vom trunknen Auge dir;
Deine Brust verjüngten Siegsgefühle,
Und dein Haupt vom Lorbeerzweig umspielt,
Fühlte nicht des Lebens dumpfe Schwüle,
Die so karg der Hauch der Freude kühlt.

Ist der Stern der Liebe dir verschwunden,
Und der Jugend holdes Rosenlicht?
Ach! umtanzt von Hellas goldnen Stunden,
Fühltest du die Flucht der Jahre nicht;
Ewig, wie der Vesta Flamme, glühte
Mut und Liebe dort in jeder Brust;
Wie die Frucht der Hesperiden, blühte
Ewig dort der Jugend süße Lust.

Hätte doch von diesen goldnen Jahren
Einen Teil das Schicksal dir beschert;
Diese reizenden Athener waren
Deines glühenden Gesangs so wert;
Hingelehnt am frohen Saitenspiele
Bei der süßen Chiertraube Blut,
Hättest du vom stürmischen Gewühle
Der Agora, glühend ausgeruht.

Ach! es hätt' in jenen bessern Tagen
Nicht umsonst so brüderlich und groß
Für ein Volk dein liebend Herz geschlagen,
Dem so gern des Dankes Zähre floß; –
Harre nun! sie kommt gewiß, die Stunde,
Die das Göttliche vom Staube trennt!

Stirb! du suchst auf diesem Erdenrunde,
Edler Geist! umsonst dein Element!

Attika, die Riesin, ist gefallen,
Wo die alten Göttersöhne ruh'n,
Im Ruin gestürzter Marmorhallen
Brütet ew'ge Todesstille nun;
Lächelnd steigt der süße Frühling nieder,
Doch er findet seine Brüder nie
In Ilissus heil'gem Tale wieder,
Ewig deckt die bange Wüste sie. –

Mich verlangt in's bess're Land hinüber
Nach Alcäus und Anakreon,
Und ich schlief' im engen Hause lieber,
Bei den Heiligen in Marathon!
Ach! es sei die letzte meiner Tränen,
Die dem heil'gen Griechenlande rann,
Laßt, o Parzen, laßt die Schere tönen!
Denn mein Herz gehört den Toten an.

An Neuffer

Im März 1794

Noch kehrt in mich der süße Frühling wieder,
Noch altert nicht mein kindischfröhlich Herz,
Noch rinnt vom Auge mir der Tau der Liebe nieder,
Noch lebt in mir der Hoffnung Lust und Schmerz.

Noch tröstet mich mit süßer Augenweide
Der blaue Himmel und die grüne Flur,
Mir reicht die Göttliche den Taumelkelch der Freude,
Die jugendliche freundliche Natur.

Getrost! es ist der Schmerzen wert, dies Leben,
So lang uns Armen Gottes Sonne scheint,
Und Bilder beßrer Zeit um unsre Seele schweben,
Und ach! mit uns ein freundlich Auge weint.

Der Gott der Jugend

Gehn dir im Dämmerlichte,
Wenn in der Sommernacht
Für selige Gesichte
Dein liebend Auge wacht,
Noch oft der Freunde Manen
Und, wie der Sterne Chor,
Die Geister der Titanen
Des Altertums empor,

Wird da, wo sich im Schönen
Das Göttliche verhüllt,
Noch oft das tiefe Sehnen
Die Liebe dir gestillt,
Belohnt des Herzens Mühen
Der Ruhe Vorgefühl,
Und tönt von Melodien
Der Seele Saitenspiel,

So such im stillen Tale
Den blütenreichsten Hain,
Und gieß aus goldner Schale
Den frohen Opferwein!
Noch lächelt unveraltet

Des Herzens Frühling dir,
Der Gott der Jugend waltet
Noch über dir und mir.

Wie unter Tiburs Bäumen,
Wenn da der Dichter saß,
Und unter Götterträumen
Der Jahre Flucht vergaß,
Wenn ihn die Ulme kühlte,
Und wenn sie stolz und froh
Um Silberblüten spielte,
Die Flut des Anio,

Und wie um Platons Hallen,
Wenn durch der Haine Grün,
Begrüßt von Nachtigallen,
Der Stern der Liebe schien,
Wenn alle Lüfte schliefen,
Und, sanft bewegt vom Schwan,
Cephissus durch Oliven
Und Myrtensträuche rann,

So schön ist's noch hienieden!
Auch unser Herz erfuhr
Das Leben und den Frieden
Der freundlichen Natur;
Noch blüht des Himmels Schöne,
Noch mischen brüderlich
In unsers Herzens Töne
Des Frühlings Laute sich.

Drum such im stillsten Tale
Den düftereichsten Hain,
Und gieß aus goldner Schale
Den frohen Opferwein!

Noch lächelt unveraltet
Das Bild der Erde dir,
Der Gott der Jugend waltet
Noch über dir und mir.

An Herkules

In der Kindheit Schlaf begraben
Lag ich, wie das Erz im Schacht;
Dank, mein Herkules! den Knaben
Hast zum Manne du gemacht,
Reif bin ich zum Königssitze,
Und mir brechen stark und groß
Taten, wie Kronions Blitze,
Aus der Jugend Wolke los.

Wie der Adler seine Jungen,
Wenn der Funk im Auge glimmt,
Auf die kühnen Wanderungen
In den frohen Äther nimmt,
Nimmst du aus der Kinderwiege,
Von der Mutter Tisch und Haus
In die Flamme deiner Kriege,
Hoher Halbgott, mich hinaus.

Wähntest du, dein Kämpferwagen
Rolle mir umsonst ins Ohr?
Jede Last, die du getragen,
Hub die Seele mir empor,
Zwar der Schüler mußte zahlen;
Schmerzlich brannten, stolzes Licht,
Mir im Busen deine Strahlen,
Aber sie verzehrten nicht.

Wenn für deines Schicksals Wogen
Hohe Götterkräfte dich,
Kühner Schwimmer! auferzogen,
Was erzog dem Siege mich?
Was berief den Vaterlosen,
Der in dunkler Halle saß,
Zu dem Göttlichen und Großen,
Daß er kühn an dir sich maß?

Was ergriff und zog vom Schwarme
Der Gespielen mich hervor?
Was bewog des Bäumchens Arme
Nach des Äthers Tag empor?
Freundlich nahm des jungen Lebens
Keines Gärtners Hand sich an,
Aber kraft des eignen Strebens
Blickt' und wuchs ich himmelan.

Sohn Kronions! an die Seite
Tret ich nun errötend dir,
Der Olymp ist deine Beute;
Komm und teile sie mit mir!
Sterblich bin ich zwar geboren,
Dennoch hat Unsterblichkeit
Meine Seele sich geschworen,
Und sie hält, was sie gebeut.

Der Jüngling an die klugen Ratgeber

Ich sollte ruhn? Ich soll die Liebe zwingen,
Die feurigfroh nach hoher Schöne strebt?
Ich soll mein Schwanenlied am Grabe singen,
Wo ihr so gern lebendig uns begräbt?

O schonet mein! Allmächtig fortgezogen,
Muß immerhin des Lebens frische Flut
Mit Ungeduld im engen Bette wogen,
Bis sie im heimatlichen Meere ruht.

Des Weins Gewächs verschmäht die kühlen Tale,
Hesperiens beglückter Garten bringt
Die goldnen Früchte nur im heißen Strahle,
Der, wie ein Pfeil, ins Herz der Erde dringt.
Was sänftiget ihr dann, wenn in den Ketten
Der ehrnen Zeit die Seele mir entbrennt,
Was nehmt ihr mir, den nur die Kämpfe retten,
Ihr Weichlinge! mein glühend Element?

Das Leben ist zum Tode nicht erkoren,
Zum Schlafe nicht der Gott, der uns entflammt,
Zum Joch ist nicht der Herrliche geboren,
Der Genius, der aus dem Äther stammt;
Er kommt herab; er taucht sich, wie zum Bade,
In des Jahrhunderts Strom, und glücklich raubt
Auf eine Zeit den Schwimmer die Najade,
Doch hebt er heitrer bald sein leuchtend Haupt.

Drum laßt die Lust, das Große zu verderben,
Und geht und sprecht von eurem Glücke nicht!
Pflanzt keinen Zedernbaum in eure Scherben!
Nehmt keinen Geist in eure Söldnerpflicht!
Versucht es nicht, das Sonnenroß zu lahmen!
Laßt immerhin den Sternen ihre Bahn!
Und mir, mir ratet nicht mich zu bequemen,
Und macht mich nicht den Knechten Untertan.

Und könnt ihr ja das Schöne nicht ertragen,
So führt den Krieg mit offner Kraft und Tat!
Sonst ward der Schwärmer doch ans Kreuz geschlagen.

Jetzt mordet ihn der sanfte kluge Rat;
Wie manchen habt ihr herrlich zubereitet!
Fürs Reich der Not! wie oft auf euren Sand
Den hoffnungsfrohen Steuermann verleitet
Auf kühner Fahrt ins warme Morgenland!

Umsonst! mich hält die dürre Zeit vergebens,
Und mein Jahrhundert ist mir Züchtigung;
Ich sehne mich ins grüne Feld des Lebens
Und in den Himmel der Begeisterung;
Begrabt sie nur, ihr Toten, eure Toten,
Und preist das Menschenwerk und scheltet nur!
Doch reift in mir, so wie mein Herz geboten,
Die schöne, die lebendige Natur.

Emilie vor ihrem Brauttag

Emilie an Klara

Ich bin im Walde mit dem Vater draus
Gewesen, diesen Abend, auf dem Pfade,
Du kennest ihn, vom vorigen Frühlinge.
Es blühten wilde Rosen nebenan,
Und von der Felswand überschattet' uns
Der Eichenbüsche sonnenhelles Grün;
Und oben durch der Buchen Dunkel quillt
Das klare flüchtige Gewässer nieder.
Wie oft, du Liebe! stand ich dort und sah
Ihm nach aus seiner Bäume Dämmerung
Hinunter in die Ferne, wo zum Bach
Es wird, zum Strome, sehnte mich mit ihm
Hinaus – wer weiß, wohin?
Das hast du oft
Mir vorgeworfen, daß ich immerhin

Abwesend bin mit meinem Sinne, hast
Mirs oft gesagt, ich habe bei den Menschen
Kein friedlich Bleiben nicht, verschwende
Die Seele an die Lüfte, lieblos sei
Ich öfters bei den Meinen. Gott! ich lieblos?
Wohl mag es freudig sein und schön, zu bleiben,
Zu ruhn in einer lieben Gegenwart,
Wenn eine große Seele, die wir kennen,
Vertraulich nahe waltet über uns,
Sich um uns schließt, daß wir, die Heimatlosen,
Doch wissen, wo wir wohnen.
                                        Gute! Treue!
Doch hast du recht. Bist du denn nicht mir eigen?
Und hab ich ihn, den teuren Vater, nicht,
Den Heiligjugendlichen, Vielerfahrnen,
Der, wie ein stiller Gott auf dunkler Wolke,
Verborgenwirkend über seiner Welt
Mit freiem Auge ruht, und wenn er schon
Ein Höhers weiß, und ich des Mannes Geist
Nur ahnen kann, doch ehrt er liebend mich,
Und nennt mich seine Freude, ja! und oft
Gibt eine neue Seele mir sein Wort.

Dann möcht ich wohl den Segen, den er gab,
Mit einem, das ich liebte, gerne teilen,
Und bin allein – ach! ehmals war ichs nicht!

Mein Eduard! mein Bruder! – Denkst du sein
Und denkst du noch der frommen Abende,
Wenn wir im Garten oft zusammensaßen
Nach schönem Sommertage, wenn die Luft
Um unsre Stille freundlich atmete,
Und über uns des Äthers Blumen glänzten;
Wenn von den Alten er, den Hohen, uns

Erzählte, wie in Freude sie und Freiheit
Aufstrebten, seine Meister; tönender
Hub dann aus seiner Brust die Stimme sich,
Und zürnend war und liebend oft voll Tränen
Das Auge meinem Stolzen; ach! den letzten
Der Abende, wie nun, da Großes ihm
Bevorstand, ruhiger der Jüngling war,
Noch mit Gesängen, die wir gerne hörten,
Und mit der Zithar uns, die Trauernden,
Vergnügt'!

Ich seh ihn immer, wie er ging.
Nie war er schöner, kühn, die Seele glänzt'
Ihm auf der Stirne, dann voll Andacht trat
Er vor den alten Vater. Kann ich Glück
Von dir empfangen, sprach er, heilger Mann!
So wünsche lieber mir das größte, denn
Ein anders, und betroffen schien der Vater.
Wenns sein soll, wünsch ich dirs, antwortet' er.
Ich stand beiseit, und wehemütig sah
Der Scheidende mich an und rief mich laut;
Mir bebt' es durch die Glieder, und er hielt
Mich zärtlich fest, in seinen Armen stärkte
Der Starke mir das Herz, und da ich aufsah
Nach meinem Lieben, war er fortgeeilt.

„Ein edel Volk ist hier auf Korsika;"
Schrieb freudig er im letzten Briefe mir,
„Wie wenn ein zahmer Hirsch zum Walde kehrt
Und seine Brüder trifft, so bin ich hier,
Und mir bewegt im Männerkriege sich
Die Brust, daß ich von allem Weh genese.

Wie lebst du, teure Seele! und der Vater?
Hier unter frohem Himmel, wo zu schnell

Die Frühlinge nicht altern, und der Herbst
Aus lauer Luft dir goldne Früchte streut,
Auf dieser guten Insel werden wir
Uns wiedersehen; dies ist meine Hoffnung.

Ich lobe mir den Feldherrn. Oft im Traum
Hab ich ihn fast gesehen, wie er ist,
Mein Paoli, noch eh er freundlich mich
Empfing und zärtlich vorzog, wie der Vater
Den Jüngstgebornen, der es mehr bedarf.

Und schämen muß ich vor den andern mich,
Den furchtbarstillen, ernsten Jünglingen.
Sie dünken traurig dir bei Ruh und Spiel;
Unscheinbar sind sie, wie die Nachtigall,
Wenn von Gesang sie ruht; am Ehrentag
Erkennst du sie. Ein eigen Leben ists! –
Wenn mit der Sonne wir, mit heilgem Lied
Heraufgehn übern Hügel, und die Fahnen
Ins Tal hinab im Morgenwinde wehn,
Und drunten auf der Ebne fernher sich,
Ein gärend Element, entgegen uns
Die Menge regt und treibt, da fühlen wir
Frohlockender, wie wir uns herrlich lieben;
Denn unter unsern Zelten und auf Wogen
Der Schlacht begegnet uns der Gott, der uns
Zusammenhält.

Wir tun, was sich gebührt,
Und führen wohl das edle Werk hinaus.
Dann küßt ihr noch den heimatlichen Boden,
Den trauernden, und kommt und lebt mit uns,
Emilie! –Wie wirds dem alten Vater
Gefallen, bei den Lebenden noch Einmal

Zum Jüngling aufzuleben und zu ruhn
In unentweihter Erde, wenn er stirbt.

Denkst du des tröstenden Gesanges noch,
Emilie, den seiner teuern Stadt
In ihrem Fall der stille Römer sang,
Noch hab ich einiges davon im Sinne.

Klagt nicht mehr! kommt in neues Land! so sagt' er.
Der Ozean, der die Gefild umschweift,
Erwartet uns. Wir suchen selige
Gefilde, reiche Inseln, wo der Boden
Noch ungepflügt die Früchte jährlich gibt,
Und unbeschnitten noch der Weinstock blüht,
Wo der Olivenzweig nach Wunsche wächst,
Und ihren Baum die Feige keimend schmückt,
Wo Honig rinnt aus hohler Eich und leicht
Gewässer rauscht von Bergeshöhn. – Noch manches
Bewundern werden wir, die Glücklichen. –
Es sparte für ein frommes Volk Saturnus Sohn
Dies Ufer auf, da er die goldne Zeit
Mit Erze mischte. – Lebe wohl, du Liebe!"

Der Edle fiel des Tags darauf im Treffen
Mit seiner Liebsten Einem, ruht mit ihm
In einem Grab.

In deinem Schöße ruht
Er, schönes Korsika! und deine Wälder
Umschatten ihn, und deine Lüfte wehn
Am milden Herbsttag freundlich über ihm,
Dein Abendlicht vergoldet seinen Hügel.

Ach! dorthin möcht ich wohl, doch hälf es nicht.
Ich sucht' ihn, so wie hier. Ich würde fast

Dort weniger, wie hier, mich sein entwöhnen.
So wuchs ich auf mit ihm, und weinen muß ich
Und lächeln, denk ich, wie mirs ehmals oft
Beschwerlich ward, dem Wilden nachzukommen,
Wenn nirgend er beim Spiele bleiben wollte.
Nun bist du dennoch fort und lässest mich
Allein, du Lieber! und ich habe nun
Kein Bleiben auch, und meine Augen sehn
Das Gegenwärtige nicht mehr, o Gott!
Und mit Phantomen peiniget und tröstet
Nun meine Seele sich, die einsame.
Das weißt du, gutes Mädchen! nicht, wie sehr
Ich unvernünftig bin. Ich will dirs all
Erzählen. Morgen! Mich besucht doch immer
Der süße Schlaf, und wie die Kinder bin ich,
Die besser schlummern, wenn sie ausgeweint.

Emilie an Klara

Der Vater schwieg im Leide tagelang,
Da ers erfuhr; und scheuen mußt' ich mich,
Mein Weh ihn sehn zu lassen; lieber ging
Ich dann hinaus zum Hügel, und das Herz
Gewöhnte mir zum freien Himmel sich.
Ich tadelt' oft ein wenig mich darüber,
Daß nirgend mehr im Hause mirs gefiel.
Vergnügt mit allem war ich ehmals da,
Und leicht war alles mir. Nun ängstigt' es
Mich oft; noch trieb ich mein Geschäft, doch leblos,
Bis in die Seele stumm in meiner Trauer.
Es war, wie in der Schattenwelt, im Hause.
Der stille Vater und das stumme Kind!

Wir wollen fort auf eine Reise, Tochter!
Sagt' eines Tags mein Vater, und wir gingen

Und kamen dann zu dir. In diesem Land
An deines Nekars friedlichschönen Ufern,
Da dämmert' eine stille Freude mir
Zum ersten Male wieder auf. Wie oft
Im Abendlichte stand ich auf dem Hügel
Mit dir, und sah das grüne Tal hinauf,
Wo zwischen Bergen, da die Rebe wächst,
An manchem Dorf vorüber, durch die Wiesen
Zu uns herab, von luftger Weid umkränzt,
Das goldne ruhige Gewässer wallte!
Mir bleibt die Stelle lieb, wo ich gelebt.
Ihr heiterfreien Ebenen des Mains,
Ihr reichen, blühenden! wo nahe bald
Der frohe Strom, des stolzen Vaters Liebling,
Mit offnem Arm ihn grüßt, den alten Rhein!

Auch ihr! Sie sind wie Freunde mir geworden,
Und aus der Seele mir vergehen soll
Kein frommer Dank, und trag ich Leid im Busen,
So soll mir auch die Freude lebend bleiben.

Erzählen wollt' ich dir, doch hell ist nie
Das Auge mir, wenn dessen ich gedenke.
Vor seinen kindischen, geliebten Träumen
Bebt immer mir das Herz.

Wir reisten dann
Hinein in andre Gegenden, ins Land
Des Varustals, dort bei den dunkeln Schatten
Der wilden, heilgen Berge lebten wir,
Die Sommertage durch, und sprachen gern
Von Helden, die daselbst gewohnt, und Göttern.

Noch gingen wir des Tages, ehe wir
Vom Orte schieden, in den Eichenwald

Des herrlichen Gebirgs hinaus, und standen
In kühler Luft auf hoher Heide nun.
Hier unten in dem Tale schlafen sie
Zusammen, sprach mein Vater, lange schon,
Die Römer mit den Deutschen, und es haben
Die Freigebornen sich, die stolzen, stillen,
Im Tode mit den Welteroberern
Versöhnt, und Großes ist und Größeres
Zusammen in der Erde Schoß gefallen.
Wo seid ihr, meine Toten all? Es lebt
Der Menschengenius, der Sprache Gott,
Der alte Braga noch, und Hertha grünt
Noch immer ihren Kindern, und Walhalla
Blaut über uns, der heimatliche Himmel;
Doch euch, ihr Heldenbilder, find' ich nicht.

Ich sah hinab, und leise schauerte
Mein Herz, und bei den Starken war mein Sinn,
Den Guten, die hier unten vormals lebten.

Jetzt stand ein Jüngling, der, uns ungesehn,
Am einsamen Gebüsch beiseit gesessen,
Nicht ferne von mir auf. O Vater! mußt
Ich rufen, das ist Eduard! – Du bist
Nicht klug, mein Kind! erwidert' er und sah
Den Jüngling an; es mocht' ihn wohl auch treffen,
Er faßte schnell mich bei der Hand und zog
Mich weiter. Einmal mußt' ich noch mich umsehn.
Derselbe wars und nicht derselbe! Stolz und groß,
Voll Macht war die Gestalt, wie des Verlornen,
Und Aug und Stirn und Locke; schärfer blickt'
Er nur, und um die seelenvolle Miene
War, wie ein Schleier, ihm ein stiller Ernst
Gebreitet. Und er sah mich an. Es war,

Als sagt' er, gehe nur auch du, so geht
Mir alles hin, doch duld ich aus und bleibe.

Wir reisten noch desselben Abends ab,
Und langsamtraurig fuhr der Wagen weiter
Und weiter durchs unwegsame Gebirg.
Es wechselten in Nebel und in Regen
Der Bäum und des Gebüsches dunkle Bilder
Im Walde nebenan. Der Vater schlief,
In dumpfem Schmerze träumt' ich hin, und kaum
Nur eben noch, die lange Zeit zu zählen,
War mir die Seele wach.

Ein schöner Strom
Erweckt' ein wenig mir das Aug; es standen
Im breiten Boot die Schiffer am Gestad;
Die Pferde traten folgsam in die Fähre,
Und ruhig schifften wir. Erheitert war
Die Nacht, und auf die Wellen leuchtet'
Und Hütten, wo der fromme Landmann schlief,
Aus blauer Luft das stille Mondlicht nieder;
Und alles dünkte friedlich mir und sorglos,
In Schlaf gesungen von des Himmels Sternen.

Und ich sollt' ohne Ruhe sein von nun an,
Verloren ohne Hoffnung mir an Fremdes
Die Seele meiner Jugend! Ach! ich fühlt'
Es itzt, wie es geworden war mit mir.
Dem Adler gleich, der in der Wolke fliegt,
Erschien und schwand mir aus dem Auge wieder
Und wieder mir des hohen Fremdlings Bild,
Daß mir das Herz erbebt' und ich umsonst
Mich fassen wollte. Schliefst du gut, mein Kind?
Begrüßte nun der gute Vater mich,
Und gerne wollt' ich auch ein Wort ihm sagen.

Die Tränen doch erstickten mir die Stimme,
Und in den Strom hinunter mußt' ich sehn,
Und wußte nicht, wo ich mein Angesicht
Verbergen sollte.

Glückliche! die du
Dies nie erfahren, überhebe mein
Dich nicht. Auch du, und wer von allen mag
Sein eigen bleiben unter dieser Sonne?
Oft meint' ich schon, wir leben nur, zu sterben,
Uns opfernd hinzugeben für ein anders.
O schön zu sterben, edel sich zu opfern,
Und nicht so fruchtlos, so vergebens, Liebe!
Das mag die Ruhe der Unsterblichen
Dem Menschen sein.

Bedaure du mich nur!
Doch tadeln, Gute, sollst du mir es nicht!
Nennst du sie Schatten, jene, die ich liebe?
Da ich kein Kind mehr war, da ich ins Leben
Erwachte, da aufs neu mein Auge sich
Dem Himmel öffnet' und dem Licht, da schlug
Mein Herz dem Schönen; und ich fand es nah;
Wie soll ichs nennen, nun es nicht mehr ist
Für mich? O laßt! Ich kann die Toten lieben,
Die Fernen: und die Zeit bezwingt mich nicht.

Mein oder nicht! du bist doch schön, ich diene
Nicht Eitlem, was der Stunde nur gefällt,
Dem Täglichen gehör ich nicht; es ist
Ein anders, was ich lieb; unsterblich
Ist, was du bist, und du bedarfst nicht meiner,
Damit du groß und gut und liebenswürdig
Und herrlich seist, du edler Genius!

Laßt nur mich stolz in meinem Leide sein,
Und zürnen, wenn ich ihn verleugnen soll;
Bin ich doch sonst geduldig, und nicht oft
Aus meinem Munde kömmt ein Männerwort.
Demütigt michs doch schon genug, daß ich
Was ich dir lang verborgen, nun gesagt.

Emilie an Klara

Wie dank ich dir, du Liebe, daß du mir
Vertrauen abgewonnen, daß ich dir
Mein still Geheimnis endlich ausgesprochen.

Ich bin nun ruhiger – wie nenn ichs dir?
Und an die schönen Tage denk ich, wenn ich oft
Hinausging mit dem Bruder, und wir oben
Auf unserm Hügel beieinander saßen,
Und ich den Lieben bei den Händen hielt,
Und mirs gefallen ließ am offnen Feld
Und an der Straß, und ins Gewölb hinauf
Des grünen Ahorns staunt', an dem wir lagen.
Ein Sehnen war in mir, doch war ich still.
Es blühten uns der ersten Hoffnung Tage,
Die Tage des Erwachens.

Holde Dämmerung!
So schön ists, wenn die gütige Natur
Ins Leben lockt ihr Kind. Es singen nur
Den Schlummersang am Abend unsre Mütter,
Sie brauchen nie das Morgenlied zu singen.
Dies singt die andre Mutter uns, die gute,
Die wunderbare, die uns Lebenslust
In unsern Busen atmet, uns mit süßen

Verheißungen erweckt.
Wie ist mir, Liebe!

Ich kann an Jugend heute nur, und nur
An Jugend denken.

Sieh! ein heitrer Tag
Ists eben auch. Seit frühem Morgen sitz ich
Am lieben Fenster, und es wehn die Lüfte,
Die zärtlichen, herein, mir blickt das Licht
Durch meine Bäume, die zu nahe mir
Gewachsen sind, und mählich mit den Blüten
Das ferne Land verhüllen, daß ich mich
Bescheiden muß, und hie und da noch kaum
Hinaus mich find aus diesem freundlichen
Gefängnis; und es fliegen über ihnen
Die Schwalben und die Lerchen, und es singen
Die Stunden durch genug die Nachtigallen,
Und wie sie heißen, all die Lieblinge
Der schönen Jahrszeit; eigne Namen möcht'
Ich ihnen geben, und den Blumen auch,
Den stillen, die aus dunklem Beete duften,
Zu mir herauf, wie junge Sterne glänzend.

Und wie es lebt und glücklich ist im Wachstum,
Und seiner Reife sich entgegen freut!

Es findet jedes seine Stelle doch,
Sein Haus, die Speise, die das Herz ihm sättigt,
Und jedes segnest du mit eignem Segen,
Natur! und gibst dich ihnen zum Geschäft,
Und trägst und nährst zu ihrer Blütenfreud
Und ihrer Frucht sie fort, du Gütige!

Und klagtest du doch öfters, trauernd Herz!
Vergaßest mir den Glauben, danktest nicht,
Und dachtest nicht, wenn dir dein Tun zu wenig
Bedeuten wollt', es sei ein frommes Opfer,
Das du, wie andre, vor das Leben bringest,
Wohlmeinend, wie der Lerche Lied, das sie
Den Lüften singt, den freudegebenden.

Nun geh ich noch hinaus und hole Blumen
Dem Vater aus dem Feld, und bind ihm sie
In einen Strauß, die drunten in dem Garten,
Und die der Bach erzog; ich wills schon richten,
Daß ihms gefallen soll. Und dir? dir bring ich
Genug des Neuen. Da ists immer anders.
Itzt blühn die Weiden; itzt vergolden sich
Die Wiesen; itzt beginnt der Buche Grün,
Und itzt der Eiche – nun! leb wohl indessen!

Emilie an Klara

Ihr Himmlischen! das war er. Kannst du mir
Es glauben? – Beste! – wärst du bei mir! – Er!
Der Hohe, der Gefürchtete, Geliebte! –
Mein bebend Herz, hast du so viel gewollt?

Da ging ich so zurück mit meinen Blumen,
Sah auf den Pfad, den abendrötlichen,
In meiner Stille nieder, und es schlief
Mir sanft im Busen das Vergangene,
Ein kindlich Hoffen atmete mir auf;
Wie wenn uns zwischen süßem Schlaf und Wachen
Die Augen halb geöffnet sind, so war
Ich Blinde. Sieh! da stand er vor mir, mein
Heroe, und ich Arme war wie tot,

Und ihm, dem Brüderlichen, überglänzte
Das Angesicht, wie einem Gott, die Freude.
Emilie! – das war ein frommer Gruß.
Ach! alles Sehnen weckte mir und all
Das liebe Leiden, so ich eingewiegt,
Der goldne Ton des Jünglings wieder auf!
Nicht auf sehn dürft' ich! keine Silbe dürft'
Ich sagen! Oh, was hätt' ich ihm gesagt!

Was wein ich denn, du Gute? – laß mich nur!
Nun darf ich ja, nun ists so töricht nimmer,
Und schön ists, wenn der Schmerz mit seiner
Schwester,
Der Wonne, sich versöhnt, noch eh er weggeht.

O Wiedersehn! das ist noch mehr, du Liebe!
Als wenn die Bäume wieder blühn, und Quellen
Von neuem fröhlich rauschen –

Ja! ich hab'
Ihn oft gesucht und ernstlich oft es mir
Versagt, doch wollt' ich sein Gedächtnis ehren.
Die Bilder der Gespielen, die mit mir
Auf grüner Erd in stummer Kindheit saßen,
Sie dämmern ja um meine Seele mir,
Und dieser edle Schatte, sollt' er nicht?
Das Herz im Busen, das unsterbliche,
Kann nicht vergessen, sieh! und öfters bringt
Ein guter Genius die Liebenden
Zusammen, daß ein neuer Tag beginnt,
Und ihren Mai die Seele wieder feiert.

O wunderbar ist mir! auch er! – daß du
Hinunter mußtest, Lieber! ehe dir
Das Deine ward, und dich die frohe Braut

Zum Männerruhme segnete! Doch starbst
Du schön, und oft hab ich gehört, es fallen
Die Lieblinge des Himmels früh, damit
Sie sterblich Glück und Leid und Alter nicht
Erfahren. Nimmermehr vergeß ich dich,
Und ehren soll er dich. Dein Bild will ich
Ihm zeigen, wenn er kömmt; und wenn der Stolze
Sich dann verwundert, daß er sich bei mir
Gefunden, sag ich ihm, es sei ein andrer,
Und den er lieben müsse. Oh, er wirds!

Emilie an Klara

Da schrieb er mir. Ja! teures Herz! er ists,
Den ich gesucht. Wie dieser Jüngling mich
Demütiget und hebt! Nun! lies es nur!
„So bist dus wieder, und ich habe dich
Gegrüßt, gefunden, habe dich noch Einmal
In deiner frommen Ruh gestört, du Kind
Des Himmels! – Nein, Emilie! du kanntest
Mich ja. Ich kann nicht fragen. Wir sinds,
Die Längstverwandten, die der Gott getraut,
Und bleiben wird es, wie die Sonne droben.
Ich bin voll Freude, schöne Seele! bin
Der neuen Melodien ungewohnt.
Es ist ein anders Lied, als jenes, so
Dem Jünglinge die Parze lehrend singt,
Bis ihm, wie Wohllaut, ihre Weise tönt;
Dann gönnt sie ihm, du Friedliche! von dir
Den süßern Ton, den liebsten, einzigen,
Zu hören. Mein? o sieh! du wirst in Lust
Die Mühe mir und was mein Herz gebeut,
Du wirst es all in heilge Liebe wandeln.
Und hab ich mit Unmöglichem gerungen,

Und mir die Brust zu Treu und Ruh gehärtet,
Du wärmest sie mit frommer Hoffnung mir,
Daß sie vertrauter mit dem Siege schlägt.
Und wenn das Urbild, das, wie Morgenlicht,
Mir aus des Lebens dunkler Wolke stieg,
Das himmlische, mir schwindet, seh ich dich,
Und, eine schöne Götterbotin, mahnst
Du lächelnd mich an meinen Phöbus wieder;
Und wenn ich zürne, sänftigest du mich.
Dein Schüler bin ich dann, und lausch' und lerne.
Von deinem Munde nehm ich, Zauberin,
Des Überredens süße Gabe mir,
Daß sie die Geister freundlich mir bezwingt,
Und wenn ich ferne war von dir, und wund
Und müd dir wiederkehre, heilst du mich
Und singst in Ruhe mich, du holde Muse!

Emilie! daß wir uns wiedersahn!
Daß wir uns einst gefunden, und du nun
Mich nimmer fliehst und nahe bist! Zu gern,
Zu gern entwich dein stolzes Bild dem Wandrer,
Das zarte, reine, da du ferne warst,
Du Heiligschönes! doch ich sah dich oft,
Wenn ich des Tags allein die Pfade ging,
Und abends in der fremden Hütte schwieg.

O heute! grüße, wenn du willst, den Vater!
Ich kenn ihn wohl; auch meinen Namen kennt er;
Und seiner Freunde Freund bin ich. Ich wußte nicht,
Daß er es war, da wir zuerst einander
Begegneten, und lang erfuhr ichs nicht.
Bald grüß ich schöner dich. – Armenion."

Emilie an Klara

Er woll ihn morgen sprechen, sagte mir
Mein Vater, morgen! und er schien nicht freundlich.
Nun sitz ich hier und meine Augen ruhn
Und schlummern nicht – ach! schämen muß ich mich,
Es dir zu klagen – will ich stille werden,
So regt ein Laut mich auf; ich sinn und bitte,
Und weiß nicht, was? und sagen möcht ich viel,
Doch ist die Seele stumm – o fragen möcht ich
Die sorgenfreien Bäume hier, die Strahlen
Der Nacht und ihre Schatten, wie es nun
Mir endlich werden wird.
Zu still ists mir
In dieser schönen Nacht, und ihre Lüfte
Sind mir nicht hold, wie sonst. Die Törin!
Solang er ferne war, so liebt' ich ihn;
Nun bin ich kalt, und zag und zürne mir
Und andern. – Auch die Worte, so ich dir
In dieser bösen Stunde schreibe, lieb
Ich nicht, und was ich sonst von ihm geschrieben,
Unleidlich ist es mir. Was ist es denn?
Ich wünsche fast, ich hätt ihn nie gesehn.
Mein Friede war doch schöner. Teures Herz!
Ich bin betrübt, und anders, denn ichs war,
Da ich um den Verlornen trauerte.
Ich bin es nimmer, nein! ich bin es nicht.
Ich bin nicht gut, und seellos bin ich auch.
Mich läßt die Furcht, die häßliche, nicht ruhn.

O daß der goldne Tag die Ruhe mir,
Mein eigen Leben wiederbrächt!
Ich will
Geduldig sein, und wenn der Vater ihn
Nicht ehrt, mir ihn versagt, den Teuren,

So schweig ich lieber, und es soll mir nicht
Zu sehr die Seele kränken; kann ich still
Ihn ehren doch, und bleiben, wie ich bin.

Emilie an Klara

Nun muß ich lächeln über alles Schlimme,
Was ich die vorge Nacht geträumt; und hab
Ich dir es gar geschrieben? Anders bin
Ich itzt gesinnt.

Er kam, und mir frohlockte
Das Herz, wie er herab die Straße ging,
Und mir das Volk den fremden Herrlichen
Bestaunt'! und lobend über ihn geheim
Die Nachbarn sich besprachen, und er itzt
Den Knaben, der an ihm vorüberging,
Nach meinem Hause fragt'; ich sähe nicht
Hinaus, ich könnt', an meinem Tische sitzend,
Ihn ohne Scheu sehn – wie red ich viel?
Und da er nun herauf die Treppe kam,
Und ich die Tritte hört' und seine Türe
Mein Vater öffnete, sie draußen sich
Stillschweigend grüßten, daß ich nicht
Ein Wort vernehmen konnt', ich Unvernünftge,
Wie ward mir bange wieder? Und sie blieben
Nicht kurze Zeit allein im andern Zimmer,
Daß ich es länger nicht erdulden konnt,
Und dacht: ich könnte wohl den Vater fragen
Um dies und jenes, was ich wissen mußte.
Dann hätt ichs wohl gesehn in ihren Augen,
Wie mir es werden sollte. Doch ich kam
Bis an die Schwelle nur, ging lieber doch
In meinen Garten, wo die Pflanzen sonst,
In andrer Zeit, die Stunde mir gekürzt.

Und fröhlich glänzten, von des Morgens Tau
Gesättiget, im frischen Lichte sie
Ins Auge mir, wie liebend sich das Kind
An die betrübte Mutter drängt, so waren
Die Blumen und die Blüten um mich rings,
Und schöne Pforten wölbten über mir
Die Bäume.

Doch ich konnt' es itzt nicht achten,
Nur ernster ward und schwerer nur, und bänger
Das Herz mir Armen immer, und ich sollte
Wie eine Dienerin von ferne lauschen,
Ob sie vielleicht mich riefen, diese Männer.
Ich wollte nun auch nimmer um mich sehn,
Und barg in meiner Laube mich und weinte,
Und hielt die Hände vor das Auge mir.

Da hört' ich sanft des Vaters Stimme nah,
Und lächelnd traten, da ich noch die Tränen
Mir trocknete, die beiden in die Laube:
Hast du dich so geängstiget, mein Kind!
Und zürnst du, sprach der Vater, daß ich erst
Vor mich den edeln Gast behalten wollt'?
Ihn hast du nun. Er mag die Zürnende
Mit mir versöhnen, wenn ich Unrecht tat.

So sprach er; und wir reichten alle drei
Die Hand einander, und der Vater sah
Mit stiller Freud uns an –

Ein Trefflicher
Ist dein geworden, Tochter! sprach er itzt,
Und dein, o Sohn! dies heiligliebend Weib.
Ein freudig Wunder, daß die alten Augen

Mir übergehen, seid ihr mir, und blüht
Wie eine seltne Blume mir, ihr Beiden!

Denn nicht gelingt es immerhin den Menschen,
Das Ihrige zu finden. Großes Glück
Zu tragen und zu opfern gibt der Gott
Den einen, weniger gegeben ist
Den andern; aber hoffend leben sie.

Zwei Genien geleiten auf und ab
Uns Lebende, die Hoffnung und der Dank.
Mit Einsamen und Armen wandelt jene,
Die Immerwache; dieser führt aus Wonne
Die Glücklichen des Weges freundlich weiter,
Vor bösem Schicksal sie bewahrend. Oft,
Wenn er entfloh, erhuben sich zu sehr
Die Freudigen, und rächend traf sie bald
Das ungebetne Weh.

Doch gerne teilt
Das freie Herz von seinen Freuden aus,
Der Sonne gleich, die liebend ihre Strahlen
An ihrem Tag aus goldner Fülle gibt;
Und um die Guten dämmert oft und glänzt
Ein Kreis voll Licht und Lust, so lang sie leben.

O Frühling meiner Kinder, blühe nun,
Und altre nicht zu bald, und reife schön!

So sprach der gute Vater. Vieles wollt
Er wohl noch sagen, denn die Seele war
Ihm aufgegangen; aber Worte fehlten ihm.

Er gab ihn mir und segnet' uns und ging
Hinweg.

Ihr Himmelslüfte, die ihr oft
Mich tröstend angeweht, nun atmetet
Ihr heiligend um unser goldnes Glück!

Wie anders wars, wie anders, da mit ihm,
Dem Liebenden, dem Freudigen ich itzt
Ich Freudige, zu unsrer Mutter auf,
Zur schönen Sonne sah! nun dämmert' es
Im Auge nicht, wie sonst im sehnenden,
Nun grüßt' ich helle dich, du stolzes Licht!
Und lächelnd weiltest du, und kamst und
schmücktest
Den Lieben mir, und kränztest ihm mit Rosen
Die Schläfe, Freundliches!

Und meine Bäume,
Sie streuten auch ein hold Geschenk herab,
Zu meinem Fest, vom Überfluß der Blüten!

Da ging ich sonst; ach! zu den Pflanzen flüchtet'
Ich oft mein Herz, bei ihnen weilt' ich oft
Und hing an ihnen; dennoch ruht' ich nie,
Und meine Seele war nicht gegenwärtig.

Wie eine Quelle, wenn die jugendliche
Dem heimatlichen Berge nun entwich,
Die Pfade bebend sucht, und flieht und zögert,
Und durch die Wiesen irrt und bleiben möcht,
Und sehnend, hoffend immer doch enteilt:
So war ich; aber liebend hat der stolze,
Der schöne Strom die flüchtige genommen,
Und ruhig wall ich nun, wohin der sichre
Mich bringen will, hinab am heitern Ufer.

An die Parzen

Nur Einen Sommer gönnt, ihr Gewaltigen!
Und einen Herbst zu reifem Gesange mir,
Daß williger mein Herz, vom süßen
Spiele gesättiget, dann mir sterbe.

Die Seele, der im Leben ihr göttlich Recht
Nicht ward, sie ruht auch drunten im Orkus nicht;
Doch ist mir einst das Heilige, das am
Herzen mir liegt, das Gedicht, gelungen,

Willkommen dann, o Stille der Schattenwelt!
Zufrieden bin ich, wenn auch mein Saitenspiel
Mich nicht hinab geleitet; Einmal
Lebt ich, wie Götter, und mehr bedarfs nicht.

Die Kürze

„Warum bist du so kurz? liebst du, wie vormals, denn
Nun nicht mehr den Gesang? fandst du, als Jüngling, doch
In den Tagen der Hoffnung,
Wenn du sangest, das Ende nie!"

Wie mein Glück, ist mein Lied. – Willst du im Abendrot
Froh dich baden? hinweg ists, und die Erd ist kalt,
Und der Vogel der Nacht schwirrt
Unbequem vor das Auge dir.

Der gute Glaube

Schönes Leben! du liegst krank, und das Herz ist mir
Müd vom Weinen, und schon dämmert die Furcht in mir,
Doch, doch kann ich nicht glauben,
Daß du sterbest, so lang du liebst.

An die jungen Dichter

Lieben Brüder! es reift unsere Kunst vielleicht
Da, wie ein Jüngling, sie lange genug gegärt,
Bald zur Stille der Schönheit;
Seid nur fromm, wie der Grieche war!

Liebt die Götter und denkt freundlich der Sterblichen!
Haßt den Rausch, wie den Frost! lehrt und beschreibst nichts!
Wenn der Meister euch ängstigt,
Fragt die große Natur um Rat.

Sokrates und Alcibiades

„Warum huldigest du, heiliger Sokrates,
Diesem Jünglinge stets? kennest du Größers nicht?
Warum siehet mit Liebe,
Wie auf Götter, dein Aug auf ihn?"

Wer das Tiefste gedacht, liebt das Lebendigste,
Hohe Jugend versteht, wer in die Welt geblickt,
Und es neigen die Weisen
Oft am Ende zu Schönem sich.

Der Mensch

Kaum sproßten aus den Wassern, o Erde, dir
Der jungen Berge Gipfel und dufteten
Lustatmend, immergrüner Haine
Voll, in des Ozeans grauer Wildnis

Die ersten holden Inseln; und freudig sah
Des Sonnengottes Auge die Neulinge,
Die Pflanzen, seiner ewgen Jugend
Lächelnde Kinder, aus dir geboren.

Da auf der Inseln schönster, wo immerhin
Den Hain in zarter Ruhe die Luft umfloß,
Lag unter Trauben einst, nach lauer
Nacht, in der dämmernden Morgenstunde

Geboren, Mutter Erde! dein schönstes Kind;-
Und auf zum Vater Helios sieht bekannt
Der Knab, und wacht und wählt, die süßen
Beere versuchend, die heilge Rebe

Zur Amme sich; und bald ist er groß; ihn scheun
Die Tiere, denn ein anderer ist, wie sie,
Der Mensch; nicht dir und nicht dem Vater
Gleicht er, denn kühn ist in ihm und einzig

Des Vaters hohe Seele mit deiner Lust,
O Erd! und deiner Trauer von je vereint;
Der Göttermutter, der Natur, der
Allesumfassenden möchte er gleichen!

Ach! darum treibt ihn, Erde! vom Herzen dir
Sein Übermut, und deine Geschenke sind
Umsonst und deine zarten Bande;
Sucht er ein Besseres doch, der Wilde!

Von seines Ufers duftender Wiese muß
Ins blütenlose Wasser hinaus der Mensch,
Und glänzt auch, wie die Sternenacht, von
Goldenen Früchten sein Hain, doch gräbt er

Sich Höhlen in den Bergen und späht im Schacht,
Von seines Vaters heiterem Lichte fern,
Dem Sonnengott auch ungetreu, der
Knechte nicht liebt und der Sorge spottet.

Denn freier atmen Vögel des Walds, wenn schon
Des Menschen Brust sich herrlicher hebt, und der
Die dunkle Zukunft sieht, er muß auch
Sehen den Tod, und allein ihn fürchten.

Und Waffen wider alle, die atmen trägt
In ewigbangem Stolze der Mensch; im Zwist
Verzehrt er sich und seines Friedens
Blume, die zärtliche, blüht nicht lange.

Ist er von allen Lebensgenossen nicht
Der seligste? Doch tiefer und reißender
Ergreift das Schicksal, allausgleichend,
Auch die entzündbare Brunst dem Starken.

Die Launischen

Hör ich ferne nur her, wenn ich für mich geklagt,
Saitenspiel und Gesang, schweigt mir das Herz doch gleich;
Bald auch bin ich verwandelt,
Blinkst du, purpurner Wein! mich an

Unter Schatten des Walds, wo die gewaltige
Mittagssonne mir sanft über dem Laube glänzt;

Ruhig sitz ich daselbst, wenn
Zürnend schwerer Beleidigung

Ich im Felde geirrt – zürnen zu gerne doch
Deine Dichter, Natur! trauern und weinen leicht,
Die Beglückten; wie Kinder,
Die zu zärtlich die Mutter hält,

Sind sie mürrisch und voll herrischen Eigensinns;
Wandeln still sie des Wegs, irret Geringes doch
Bald sie wieder; sie reißen
Aus dem Gleise sich sträubend dir.

Doch du rührest sie kaum, Liebende! freundlich an,
Sind sie friedlich und fromm; fröhlich gehorchen sie;
Du lenkst, Meisterin! sie mit
Weichem Zügel, wohin du willst.

Der Zeitgeist

Zu lang schon waltest über dem Haupt mir
Du in der dunkeln Wolke, du Gott der Zeit!
Zu wild, zu bang ists ringsum, und es
Trümmert und wankt ja, wohin ich blicke.

Ach! wie ein Knabe, seh ich zu Boden oft,
Such in der Höhle Rettung von dir, und möcht',
Ich Blöder, eine Stelle finden,
Alleserschüttrer! wo du nicht wärest.

Laß endlich, Vater! offenen Augs mich dir
Begegnen! hast denn du nicht zuerst den Geist

Mit deinem Strahl aus mir geweckt? mich
Herrlich ans Leben gebracht, o Vater! –

Wohl keimt aus jungen Reben uns heilge Kraft;
In milder Luft begegnet den Sterblichen,
Und wenn sie still im Haine wandeln,
Heiternd ein Gott; doch allmächtiger weckst du

Die reine Seele Jünglingen auf, und lehrst
Die Alten weise Künste; der Schlimme nur
Wird schlimmer, daß er bälder ende,
Wenn du, Erschütterer! ihn ergreifest.

Des Morgens

Vom Taue glänzt der Rasen; beweglicher
Eilt schon die wache Quelle; die Birke neigt
Ihr schwankes Haupt und im Geblätter
Rauscht es und schimmert; und um die grauen

Gewölke streifen rötliche Flammen dort,
Verkündende, sie wallen geräuschlos auf;
Wie Fluten am Gestade wogen
Höher und höher die Wandelbaren.

Komm nun, o komm, und eile mir nicht zu schnell,
Du goldner Tag, zum Gipfel des Himmels fort!
Denn offener fliegt, vertrauter dir mein
Auge, du Freudiger! zu, solange du

In deiner Schöne jugendlich blickst und noch
Zu herrlich nicht, zu stolz mir geworden bist;

Du möchtest immer eilen, könnt ich,
Göttlicher Wanderer, mit dir! - doch lächelst

Des frohen Übermütigen du, daß er
Dir gleichen möchte; segne mir lieber dann
Mein sterblich Tun und heitre wieder,
Gütiger! heute den stillen Pfad mir!

Mein Eigentum

In seiner Fülle ruhet der Herbsttag nun,
Geläutert ist die Traub und der Hain ist rot
Vom Obst, wenn schon der holden Blüten
Manche der Erde zum Danke fielen.

Und rings im Felde, wo ich den Pfad hinaus
Den stillen wandle, ist den Zufriedenen
Ihr Gut gereift, und viel der frohen
Mühe gewähret der Reichtum ihnen.

Vom Himmel blicket zu den Geschäftigen
Durch ihre Bäume milde das Licht herab,
Die Freude teilend, denn es wuchs durch
Hände der Menschen allein die Frucht nicht.

Und leuchtest du, o Goldnes, auch mir, und wehst
Auch du mir wieder Lüftchen, als segnetest
Du eine Freude mir, wie einst, und
Irrst, wie um Glückliche, mir am Busen.

Einst war ichs, doch wie Rosen, vergänglich war
Das fromme Leben, ach und es mahnen noch

Die blühend mir geblieben sind, die
Holden Gestirne zu oft mich dessen.

Beglückt, wer, ruhig liebend ein frommes Weib,
Am eignen Herd in rühmlicher Heimat lebt,
Es leuchtet über festem Boden
Schöner dem sicheren Mann sein Himmel.

Denn, wie die Pflanze, wurzelt auf eignem Grund
Sie nicht, verglüht die Seele des Sterblichen
Der mit dem Tageslichte nur, ein
Armer auf heiliger Erde wandelt.

Zu mächtig ach! ihr himmlischen Höhen zieht
Ihr mich empor; bei Stürmen, am heitern Tag
Fühl ich verzehrend euch im Busen
Wechseln, ihr wandelnden Götterkräfte.

Doch heute laß mich stille den trauten Pfad
Zum Haine gehn dem golden die Wipfel schmückt
Sein sterbend Laub, und kränzt auch mir die
Stirne ihr holden Erinnerungen!

Und daß auch mir zu retten mein sterblich Herz
Wie andern eine bleibende Stätte sei
Und heimatlos die Seele mir nicht
Über das Leben hinweg sich sehne

Sei du, Gesang, mein freundlich Asyl! sei du
Beglückender! mit sorgender Liebe mir
Gepflegt, der Garten, wo ich, wandelnd
Unter den Blüten, den immerjungen

In sichrer Einfalt wohne, wenn draußen mir
Mit ihren Wellen alle die mächtge Zeit

Die Wandelbare fern rauscht und die
Stillere Sonne mein Wirken fördert.

Ihr segnet gütig über den Sterblichen
Ihr Himmelskräfte! jedem sein Eigentum,
O segnet meines auch und daß zu
Frühe die Parze den Traum nicht ende.

An eine Fürstin von Dessau

Aus stillem Hause senden die Götter oft
Auf kurze Zeit zu Fremden die Lieblinge,
Damit, erinnert, sich am edlen
Bilde der Sterblichen Herz erfreue.

So kommst du aus Luisiums Hainen auch,
Aus heiliger Schwelle dort, wo geräuschlos rings
Die Lüfte sind und friedlich um dein
Dach die geselligen Bäume spielen,

Aus deines Tempels Freuden, o Priesterin!
Zu uns, wenn schon die Wolke das Haupt uns beugt
Und längst ein göttlich Ungewitter
... uns wandelt

O teuer warst du, Priesterin! da du dort
Im stillen göttlich Feuer behütetest;
Doch teurer heute, da du Zeiten
Unter den Zeitlichen segnend feierst.

Denn wo die Reinen wandeln, vernehmlicher
Ist da der Geist, und offen und heiter blühn

Des Lebens dämmernde Gestalten
Da, wo ein sicheres Licht erscheinet.

Und wie auf dunkler Wolke der schweigende,
Der schöne Bogen blühet, ein Zeichen ist
Er künftger Zeit, ein Angedenken
Seliger Tage, die einst gewesen,

So ist dein Leben, heilige Fremdlingin!
Wenn du Vergangnes über Italiens
Zerbrochnen Säulen, wenn du neues
Grünen aus stürmischer Zeit betrachtest.

Rückkehr in die Heimat

Doch herrlicht mir dein Name das Lied; dein Fest,
Augusta! dürft' ich feiern; Beruf ist mirs,
Zu rühmen Höhers, darum gab die
Sprache der Gott und den Dank ins Herz mir.

O daß von diesem freudigen Tage mir
Auch meine Zeit beginne, daß endlich auch
Mir ein Gesang in deinen Hainen,
Edle! gedeihe, der deiner wert sei.

Gesang des Deutschen

Vis consilî expers mole ruit sua;
Vim temparatam Di quoque provehunt
In majus.

Horat.

O heilig Herz der Völker, o Vaterland!
Allduldend, gleich der schweigenden Mutter Erd',
Und allverkannt, wenn schon aus deiner
Tiefe die Fremden ihr Bestes haben!

Sie ernten den Gedanken, den Geist von dir,
Sie pflücken gern die Traube, doch höhnen sie,
Dich, ungestalte Rebe! daß du
Schwankend den Boden und wild umirrest.

Du Land des hohen ernsteren Genius!
Du Land der Liebe! bin ich der deine schon,
Oft zürnt' ich weinend, daß du immer
Blöde die eigene Seele leugnest.

Doch magst du manches Schöne nicht bergen mir;
Oft stand ich überschauend das holde Grün,
Den weiten Garten hoch in deinen
Lüften auf hellem Gebirg' und sah dich.

An deinen Strömen ging ich und dachte dich,
Indes die Töne schüchtern die Nachtigall
Auf schwanker Weide sang, und still auf
Dämmerndem Grunde die Welle wellte.

Und an den Ufern sah ich die Städte blühn,
Die Edlen, wo der Fleiß in der Werkstatt schweigt,

Die Wissenschaft, wo deine Sonne
Milde dem Künstler zum Ernste leuchtet.

Kennst du Minervas Kinder? sie wählten sich
Den Ölbaum früh zum Lieblinge; kennst du sie?
Noch lebt, noch waltet der Athener
Seele, die sinnende, still bei Menschen,

Wenn Platons frommer Garten auch schon nicht mehr
Am alten Strome grünt und der dürftge Mann
Die Heldenasche pflügt, und scheu der
Vogel der Nacht auf der Säule trauert.

O heilger Wald! o Attika! traf Er doch
Mit seinem furchtbarn Strahle dich auch, so bald,
Und eilten sie, die dich belebt, die
Flammen entbunden zum Äther über?

Doch, wie der Frühling, wandelt der Genius
Von Land zu Land. Und wir? ist denn Einer auch
Von unsern Jünglingen, der nicht ein
Ahnden, ein Rätsel der Brust, verschwiege?

Den deutschen Frauen danket! sie haben uns
Der Götterbilder freundlichen Geist bewahrt,
Und täglich sühnt der holde klare
Friede das böse Gewirre wieder.

Wo sind jetzt Dichter, denen der Gott es gab,
Wie unsern Alten, freudig und fromm zu sein,
Wo Weise, wie die unsre sind? die
Kalten und Kühnen, die Unbestechbarn!

Nun! sei gegrüßt in deinem Adel, mein Vaterland,
Mit neuem Namen, reifeste Frucht der Zeit!

Du letzte und du erste aller
Musen, Urania, sei gegrüßt mir!

Noch säumst und schweigst du, sinnest ein freudig Werk,
Das von dir zeuge, sinnest ein neu Gebild,
Das einzig, wie du selber, das aus
Liebe geboren und gut, wie du, sei –

Wo ist dein Delos, wo dein Olympia,
Daß wir uns alle finden am höchsten Fest? –
Doch wie errät der Sohn, was du den Deinen,
Unsterbliche, längst bereitest?

An die Deutschen

Spottet nimmer des Kinds, wenn noch das alberne
Auf dem Rosse von Holz herrlich und viel sich dünkt,
O ihr Guten! auch wir sind
Tatenarm und gedankenvoll!

Aber kommt, wie der Strahl aus dem Gewölke kommt,
Aus Gedanken vielleicht, geistig und reif die Tat?
Folgt die Frucht, wie des Haines
Dunklem Blatte, der stillen Schrift?

Und das Schweigen im Volk, ist es die Feier schon
Vor dem Feste? die Furcht, welche den Gott ansagt?
O dann nehmt mich, ihr Lieben!
Daß ich büße die Lästerung.

Schon zu lange, zu lang irr ich, dem Laien gleich,
In des bildenden Geists werdender Werkstatt hier,

Nur was blühet, erkenn ich,
Was er sinnet, erkenn ich nicht.

Und zu ahnen ist süß, aber ein Leiden auch,
Und schon Jahre genug leb ich in sterblicher
Unverständiger Liebe
Zweifelnd, immer bewegt vor ihm,

Der das stetige Werk immer aus liebender
Seele näher mir bringt, lächelnd dem Sterblichen,
Wo ich zage, des Lebens
Reine Tiefe zu Reife bringt.

Schöpferischer, o wann, Genius unsers Volks,
Wann erscheinest du ganz, Seele des Vaterlands,
Daß ich tiefer mich beuge,
Daß die leiseste Saite selbst

Mir verstumme vor dir, daß ich beschämt
Eine Blume der Nacht, himmlischer Tag, vor dir
Enden möge mit Freuden,
Wenn sie alle, mit denen ich

Vormals trauerte, wenn unsere Städte nun
Hell und offen und wach, reineren Feuers voll
Und die Berge des deutschen
Landes Berge der Musen sind,

Wie die herrlichen einst, Pindos und Helikon,
Und Parnasses, und rings unter des Vaterlands
Goldnem Himmel die freie,
Klare, geistige Freude glänzt.

Wohl ist enge begrenzt unsere Lebenszeit,
Unserer Jahre Zahl sehen und zählen wir,

Doch die Jahre der Völker,
Sah ein sterbliches Auge sie?

Wenn die Seele dir auch über die eigne Zeit
Sich, die sehnende, schwingt, trauernd verweilest du
Dann am kalten Gestade
Bei den Deinen und kennst sie nie,

Und die Künftigen auch, sie, die Verheißenen,
Wo, wo siehest du sie, daß du an Freundeshand
Einmal wieder erwärmest,
Einer Seele vernehmlich seist?

Klanglos, . . . ists in der Halle längst,
Armer Seher! bei dir, sehnend verlischt dein Aug
Und du schlummerst hinunter
Ohne Namen und unbeweint.

Heidelberg

Lange lieb ich dich schon, möchte dich, mir zur Lust,
Mutter nennen und dir schenken ein kunstlos Lied,
Du, der Vaterlandsstädte
Ländlichschönste, so viel ich sah.

Wie der Vogel des Waldes über die Gipfel fliegt,
Schwingt sich über den Strom, wo er vorbei dir glänzt,
Leicht und kräftig die Brücke,
Die von Wagen und Menschen tönt.

Wie von Göttern gesandt, fesselt' ein Zauber einst
Auf die Brücke mich an, da ich vorüber ging
Und herein in die Berge
Mir die reizende Ferne schien

Und der Jüngling, der Strom, fort in die Ebne zog,
Traurigfroh, wie das Herz, wenn es, sich selbst zu schön,
Liebend unterzugehen,
In die Fluten der Zeit sich wirft.

Quellen hattest du ihm, hattest dem Flüchtigen
Kühle Schatten geschenkt, und die Gestade sahn
All' ihm nach, und es bebte
Aus den Wellen ihr lieblich Bild.

Aber schwer in das Tal hing die gigantische,
Schicksalskundige Burg nieder bis auf den Grund,
Von den Wettern zerrissen;
Doch die ewige Sonne goß

Ihr verjüngendes Licht über das alternde
Riesenbild, und umher grünte lebendiger
Efeu; freundliche Wälder
Rauschten über die Burg herab.

Sträuche blühten herab, bis wo im heitern Tal,
an den Hügel gelehnt oder dem Ufer hold,
Deine fröhlichen Gassen
Unter duftenden Gärten ruhn.

Der Neckar

In deinen Tälern wachte mein Herz mir auf
Zum Leben, deine Wellen umspielten mich,
Und all der holden Hügel, die dich
Wanderer! kennen, ist keiner fremd mir.

Auf ihren Gipfeln löste des Himmels Luft
Mir oft der Knechtschaft Schmerzen; und aus dem Tal,
Wie Leben aus dem Freudebecher,
Glänzte die bläuliche Silberwelle.

Der Berge Quellen eilten hinab zu dir,
Mit ihnen auch mein Herz und du nahmst uns mit,
Zum stillerhabnen Rhein, zu seinen
Städten hinunter und lustgen Inseln.

Noch dünkt die Welt mir schön, und das Aug entflieht,
Verlangend nach den Reizen der Erde mir,
Zum goldenen Paktol, zu Smyrnas
Ufer, zu Ilions Wald. Auch möcht ich

Bei Sunium oft landen, den stummen Pfad
Nach deinen Säulen fragen, Olympion!
Noch eh der Sturmwind und das Alter
Hin in den Schutt der Athenertempel

Und ihrer Gottesbilder auch dich begräbt,
Denn lang schon einsam stehst du, o Stolz der Welt,
Die nicht mehr ist. Und o ihr schönen
Inseln Ioniens! wo die Meerluft

Die heißen Ufer kühlt und den Lorbeerwald
Durchsäuselt, wenn die Sonne den Weinstock wärmt,
Ach! wo ein goldner Herbst dem armen
Volk in Gesänge die Seufzer wandelt,

Wenn sein Granatbaum reift, wenn aus grüner Nacht
Die Pomeranze blinkt, und der Mastixbaum
Von Harze träuft und Pauk und Cymbel
Zum labyrinthischen Tanze klingen.

Zu euch, ihr Inseln! bringt mich vielleicht, zu euch
Mein Schutzgott einst; doch weicht mir aus treuem Sinn
Auch da mein Neckar nicht mit seinen
Lieblichen Wiesen und Uferweiden.

Die Liebe

Wenn ihr Freunde vergeßt, wenn ihr die Euern all
O ihr Dankbaren, sie, euere Dichter schmäht,
Gott vergeb' es, doch ehret
Nur die Seele der Liebenden.

Denn o saget, wo lebt menschliches Leben sonst
Da die knechtische jetzt alles, die Sorge zwingt?
Darum wandelt der Gott auch
Sorglos über dem Haupt uns längst.

Doch, wie immer das Jahr kalt und gesanglos ist
Zur beschiedenen Zeit, aber aus weißem Feld
Grüne Halme doch sprossen
Und ein einsamer Vogel singt,

Und sich mählich der Wald dehnet, der Strom sich regt,
Schon die mildere Luft leise von Mittag weht
Zur erlesenen Stunde,
So ein Zeichen der schönern Zeit,

Die wir glauben, erwächst einziggenügsam noch,
Einzig edel und fromm über dem ehernen,
Wilden Boden die Liebe,
Gottes Tochter, von ihm allein.

Sei gesegnet, o sei, himmlische Pflanze, mir
Mit Gesange gepflegt, wenn des ätherischen
Nektars Kräfte dich nähren,
Und der schöpfrische Strahl dich reift.

Wachs und werde zum Wald! eine beseeltere,
Vollentblühende Welt! Sprache der Liebenden
Sei die Sprache des Landes,
Ihre Seele der Laut des Volks!

Ihre Genesung

Sieh! dein Liebstes, Natur, leidet und schläft, und du,
Allesheilende, säumst? oder ihr seids nicht mehr,
Zarte Lüfte des Äthers,
Und ihr Quellen des Morgenlichts?

Alle Blumen der Erd, alle die goldenen
Frohen Früchte des Hains, alle sie heilen nicht
Dieses Leben, ihre Götter,
Das ihr selber doch euch erzogt?

Ach! schon atmet und tönt heilige Lebenslust
Ihr im reizenden Wort wider, wie sonst, und schon
Glänzt in zärtlicher Jugend
Deine Blume, wie sonst, dich an,

Heilge Natur, o du, welche zu oft, zu oft,
Wenn ich trauernd versank, lächelnd das zweifelnde
Haupt mit Gaben umkränzte,
Jugendliche, nun auch, wie sonst!

Wenn ich altre dereinst, siehe, so geb ich dir,
Die mich täglich verjüngt, Allesverwandelnde,
Deiner Flamme die Schlacken,
Und ein anderer leb ich auf.

Diotima

Du schweigst und duldest, denn sie verstehn dich nicht,
Du edles Leben! siehest zur Erd und schweigst
Am schönen Tag, denn ach! umsonst nur
Suchst du die Deinen im Sonnenlichte,

Die Königlichen, welche, wie Brüder doch,
Wie eines Hains gesellige Gipfel sonst
Der Lieb und Heimat sich und ihres
Immerumfangenden Himmels freuten,

Des Ursprungs noch in tönender Brust gedenk;
Die Dankbarn, sie, sie mein ich, die einzigtreu
Bis in den Tartarus hinab die Freude
Brachten, die Freien, die Göttermenschen,

Die zärtlichgroßen Seelen, die nimmer sind;
Denn sie beweint, so lange das Trauerjahr
Schon dauert, von den vorgen Sternen
Täglich gemahnet, das Herz noch immer

Und diese Totenklage, sie ruht nicht aus.
Die Zeit doch heilt. Die Himmlischen sind jetzt stark,
Sind schnell. Nimmt denn nicht schon ihr altes
Freudiges Recht die Natur sich wieder?

Sieh! eh noch unser Hügel, o Liebe, sinkt,
Geschiehts, und ja! noch siehet mein sterblich Lied
Den Tag, der, Diotima! nächst den
Göttern mit Helden dich nennt, und dir gleicht.

Das Ahnenbild

Ne virtus ulla pereat!

Alter Vater! Du blickst immer, wie ehmals, noch,
Da du gerne gelebt unter den Sterblichen,
Aber ruhiger nur, und
Wie die Seligen, heiterer

In die Wohnung, wo dich, Vater! das Söhnlein nennt,
Wo es lächelnd vor dir spielt und den Mutwill übt,
Wie die Lämmer im Feld, auf
Grünem Teppiche, den zur Lust

Ihm die Mutter gegönnt. Ferne sich haltend, sieht
Ihm die Liebende zu, wundert der Sprache sich
Und des jungen Verstandes
Und des blühenden Auges schon.

Und an andere Zeit mahnt sie der Mann, dein Sohn;
An die Lüfte des Mais, da er geseufzt um sie,
An die Bräutigamstage,
Da der Stolze die Demut lernt.

Doch es wandte sich bald: Sicherer, denn er war,
Ist er, herrlicher ist unter den Seinigen

Nun der Zweifachgeliebte,
Und ihm gehet sein Tagewerk.

Stiller Vater! auch du lebtest und liebtest so;
Darum wohnest du nun, als ein Unsterblicher,
Bei den Kindern, und Leben,
Wie vom schweigenden Äther, kommt

Öfters über das Haus, ruhiger Mann! von dir,
Und es mehrt sich, es reift, edler von Jahr zu Jahr,
In bescheidenem Glücke,
Was mit Hoffnungen du gepflanzt.

Die du liebend erzogst, siehe! sie grünen dir,
Deine Bäume, wie sonst, breiten ums Haus den Arm,
Voll von dankenden Gaben;
Sichrer stehen die Stämme schon;

Und am Hügel hinab, wo du den sonnigen
Boden ihnen gebaut, neigen und schwingen sich
Deine freudigen Reben,
Trunken, purpurner Trauben voll.

Aber unten im Haus ruhet, besorgt von dir,
Der gekelterte Wein. Teuer ist der dem Sohn,
Und er sparet zum Fest das
Alte, lautere Feuer sich.

Dann beim nächtlichen Mahl, wenn er, in Lust und Ernst,
Von Vergangenem viel, vieles von Künftigem
Mit den Freunden gesprochen
Und der letzte Gesang noch hallt,

Hält er höher den Kelch, siehet dein Bild und spricht:
Deiner denken wir nun, dein, und so werd' und bleib'

Ihre Ehre des Hauses
Guten Genien, hier und sonst!

Und es tönen zum Dank hell die Kristalle dir;
Und die Mutter, sie reicht, heute zum erstenmal,
Daß es wisse vom Feste,
Auch dem Kinde von deinem Trank.

Ermunterung

Erste Fassung

Echo des Himmels! heiliges Herz! warum,
Warum verstummst du unter den Sterblichen?
Und schlummerst, von den Götterlosen
Täglich hinab in die Nacht verwiesen?

Blüht denn, wie sonst, die Mutter, die Erde dir,
Blühn denn am hellen Äther die Sterne nicht?
Und übt das Recht nicht überall der
Geist und die Liebe, nicht jetzt und immer?

Nur du nicht mehr! doch mahnen die Himmlischen,
Und stillebildend wallt, wie um kahl Gefild,
Der Othem der Natur um uns, der
Alleserheiternde, seelenvolle.

O Hoffnung! bald, bald singen die Haine nicht
Der Götter Lob allein, denn es kommt die Zeit,
Daß aus der Menschen Munde sich die
Seele, die göttliche, neuverkündet.

Daß unsre Tage wieder, wie Blumen, sind,
Wo, ausgeteilt im Wechsel, ihr Ebenbild

Des Himmels stille Sonne sieht und
Froh in den Frohen das Licht sich kennet,

Daß liebender, im Bunde mit Sterblichen
Das Element dann lebet und dann erst reich,
Bei frommer Kinder Dank, der Erde
Kraft, die unendliche, sich entfaltet,

Und er, der sprachlos waltet, und unbekannt
Zukünftiges bereitet, der Gott, der Geist
Im Menschenwort, am schönen Tage
Wieder mit Namen, wie einst, sich nennet.

Natur und Kunst *oder* Saturn und Jupiter

Du waltest hoch am Tag und es blühet dein
Gesetz, du hältst die Waage, Saturnus Sohn!
Und teilst die Los' und ruhest froh im
Ruhm der unsterblichen Herrscherkünste.

Doch in den Abgrund, sagen die Sänger sich,
Habst du den heilgen Vater, den eignen, einst
Verwiesen und es jammre drunten,
Da, wo die Wilden vor dir mit Recht sind,

Schuldlos der Gott der goldenen Zeit schon längst:
Einst mühelos, und größer wie du, wenn schon
Er kein Gebot aussprach und ihn der
Sterblichen keiner mit Namen nannte.

Herab denn! oder schäme des Danks dich nicht!
Und willst du bleiben, diene dem Älteren,

Und gönn es ihm, daß ihn vor Allen,
Götter und Menschen, der Sänger nenne!

Denn, wie aus dem Gewölke dein Blitz, so kömmt
Von ihm, was dein ist, siehe! so zeugt von ihm,
Was du gebeutst, und aus Saturnus
Frieden ist jegliche Macht erwachsen.

Und hab ich erst am Herzen Lebendiges
Gefühlt und dämmert, was du gestaltetest,
Und war in ihrer Wiege mir in
Wonne die wechselnde Zeit entschlummert:

Dann kenn ich dich, Kronion! dann hör ich dich,
Den weisen Meister, welcher, wie wir, ein Sohn
Der Zeit, Gesetze gibt und, was die
Heilige Dämmerung birgt, verkündet.

Unter den Alpen gesungen

Heilige Unschuld, du der Menschen und der
Götter liebste vertrauteste! du magst im
Hause oder draußen ihnen zu Füßen
Sitzen, den Alten,

Immerzufriedner Weisheit voll; denn manches
Gute kennet der Mann, doch staunet er, dem
Wild gleich, oft zum Himmel, aber wie rein ist
Reine, dir alles!

Siehe! das rauhe Tier des Feldes, gerne
Dient und trauet es dir, der stumme Wald spricht

Wie vor alters, seine Sprüche zu dir, es
Lehren die Berge

Heil'ge Gesetze dich, und was noch jetzt uns
Vielerfahrenen offenbar der große
Vater werden heißt, du darfst es allein uns
Helle verkünden.

So mit den Himmlischen allein zu sein, und
Geht vorüber das Licht, und Strom und Wind, und
Zeit eilt hin zum Ort, vor ihnen ein stetes
Auge zu haben,

Seliger weiß und wünsch' ich nichts, so lange
Nicht auch mich, wie die Weide, fort die Flut nimmt,
Daß wohl aufgehoben, schlafend dahin ich
Muß in den Wogen;

Aber es bleibt daheim gern, wer in treuem
Busen Göttliches hält, und frei will ich, so
Lang ich darf, euch all, ihr Sprachen des Himmels!
Deuten und singen.

Stimme des Volks

Du seiest Gottes Stimme, so glaubt' ich sonst
In heilger Jugend; ja, und ich sag es noch!
Um unsre Weisheit unbekümmert
Rauschen die Ströme doch auch, und dennoch,

Wer liebt sie nicht? und immer bewegen sie
Das Herz mir, hör ich ferne die schwindenden,
Die ahnungsvollen, meine Bahn nicht,
Aber gewisser ins Meer hin eilen.

Denn selbstvergessen, allzubereit, den Wunsch
Der Götter zu erfüllen, ergreift zu gern,
Was sterblich ist, wenn offnen Augs auf
Eigenen Pfaden es einmal wandelt,

Ins All zurück die kürzeste Bahn; so stürzt
Der Strom hinab, er suchet die Ruh, es reißt,
Er ziehet wider Willen ihn, von
Klippe zu Klippe, den steuerlosen

Das wunderbare Sehnen dem Abgrund zu;
Das Ungebundne reizet, und Völker auch
Ergreift die Todeslust und kühne
Städte, nachdem sie versucht das Beste,

Von Jahr zu Jahr forttreibend das Werk, sie hat
Ein heilig Ende troffen; die Erde grünt,
Und stille vor den Sternen liegt, den
Betenden gleich, in den Sand geworfen,

Freiwillig überwunden die lange Kunst
Vor jenen Unnachahmbaren da; er selbst,
Der Mensch, mit eigner Hand zerbrach, die
Hohen zu ehren, sein Werk, der Künstler.

Doch minder nicht sind jene den Menschen hold,
Sie lieben wieder, so wie geliebt sie sind,
Und hemmen öfters, daß er lang im
Lichte sich freue, die Bahn des Menschen.

Und, nicht des Adlers Jungen allein, sie wirft
Der Vater aus dem Neste, damit sie nicht
Zu lang ihm bleiben, uns auch treibt mit
Richtigem Stachel hinaus der Herrscher.

Wohl jenen, die zur Ruhe gegangen sind,
Und vor der Zeit gefallen; auch die, auch die
Geopfert, gleich den Erstlingen der
Ernte, sie haben ein Teil gefunden.

Am Xanthos lag, in griechischer Zeit, die Stadt,
Jetzt aber, gleich den größeren, die dort ruhn,
Ist durch ein Schicksal sie dem heilgen
Lichte des Tages hinweggekommen.

Sie kamen aber, nicht in der offnen Schlacht,
Durch eigne Hand um. Fürchterlich ist davon,
Was dort geschehn, die wunderbare
Sage von Osten zu uns gelanget.

Es reizte sie die Güte von Brutus. Denn
Als Feuer ausgegangen, so bot er sich,
Zu helfen ihnen, ob er gleich, als Feldherr,
Stand in Belagerung vor den Toren.

Doch von den Mauern warfen die Diener sie,
Die er gesandt. Lebendiger ward darauf
Das Feuer, und sie freuten sich, und ihnen
Strecket' entgegen die Hände Brutus,

Und alle waren außer sich selbst. Geschrei
Entstand und Jauchzen. Drauf in die Flamme warf
Sich Mann und Weib, von Knaben stürzt' auch
Der von dem Dach, in der Väter Schwert der.

Nicht rätlich ist es, Helden zu trotzen. Längst
Wars aber vorbereitet. Die Väter auch,
Da sie ergiffen waren, einst, und
Heftig die persischen Feinde drängten,

Entzündeten, ergreifend des Stromes Rohr,
Daß sie das Freie fänden, die Stadt. Und Haus
Und Tempel nahm, zum heilgen Äther
Fliegend, und Menschen hinweg die Flamme.

So hatten es die Kinder gehört, und wohl
Sind gut die Sagen, denn ein Gedächtnis sind
Dem Höchsten sie, doch auch bedarf es
Eines, die heiligen auszulegen.

Eine ältere Fassung hatte neben kleineren Abweichungen an Stelle der letzten neun Strophen der endgültigen Fassung folgende vier:

Wohl allen, die zur Ruhe gegangen sind
Und vor der Zeit gefallen, auch sie, auch sie
Geopfert gleich den Erstlingen der
Ernte, sie haben ihr Teil gewonnen!

Nicht, o ihr Teuern, ohne die Wonnen all
Des Lebens gingt ihr unter, ein Festtag ward
Noch Einer euch zuvor, und dem gleich
Haben die anderen keins gefunden.

Doch sichrer ist's und größer und ihrer mehr,
Die allen alles ist, der Mutter wert,
In Eile zögernd, mit des Adlers
Lust die geschwungnere Bahn zu wandeln.

Drum weil sie fromm ist, ehr ich den Himmlischen
Zu lieb des Volkes Stimme, die ruhige,
Doch um der Götter und der Menschen
Willen, sie ruhe zu gern nicht immer!

Chiron

Wo bist du, Nachdenkliches! das immer muß
Zur Seite gehn, zu Zeiten, wo bist du, Licht?
Wohl ist das Herz wach, doch mir zürnt, mich
Hemmt die erstaunende Nacht nun immer.

Sonst nämlich folgt' ich Kräutern des Walds und lauscht'
Ein weiches Wild am Hügel; und nie umsonst.
Nie täuschten, auch nicht einmal deine
Vögel; denn allzubereit fast kamst du,

So Füllen oder Garten dir labend ward,
Ratschlagend, Herzens wegen; wo bist du, Licht?
Das Herz ist wieder wach, doch herzlos
Zieht die gewaltige Nacht mich immer.

Ich wars wohl. Und von Krokus und Thymian
Und Korn gab mir die Erde den ersten Strauß.
Und bei der Sterne Kühle lernt' ich,
Aber das Nennbare nur. Und bei mir

Das wilde Feld entzaubernd, das traurge, zog
Der Halbgott, Zeus Knecht, ein, der gerade Mann;
Nun sitz ich still allein, von einer
Stunde zur anderen, und Gestalten

Aus frischer Erd und Wolken der Liebe schafft,
Weil Gift ist zwischen uns, mein Gedanke nun;
Und ferne lausch ich hin, ob nicht ein
Freundlicher Retter vielleicht mir komme.

Dann hör ich oft den Wagen des Donners
Am Mittag, wenn er naht, der bekannteste,
Wenn ihm das Haus bebt und der Boden
Reiniget sich, und die Qual Echo wird.

Den Retter hör ich dann in der Nacht, ich hör
Ihn tötend, den Befreier, und drunten voll
Von üppgem Kraut, als in Gesichten,
Schau ich die Erd, ein gewaltig Feuer;

Die Tage aber wechseln, wenn einer dann
Zusiehet denen, lieblich und bös, ein Schmerz,
Wenn einer zweigestalt ist, und es
Kennet kein einziger nicht das Beste;

Das aber ist der Stachel des Gottes; nie
Kann einer lieben göttliches Unrecht sonst.
Einheimisch aber ist der Gott dann
Angesichts da, und die Erd ist anders.

Tag! Tag! Nun wieder atmet ihr recht; nun trinkt,
Ihr meiner Bäche Weiden! ein Augenlicht,
Und rechte Stapfen gehn, und als ein
Herrscher, mit Sporen, und bei dir selber

Örtlich, Irrstern des Tages, erscheinest du,
Du auch, o Erde, friedliche Wieg, und du,
Haus meiner Väter, die unstädtisch
Sind, in den Wolken des Wilds, gegangen.

Nimm nun ein Roß, und harnische dich und nimm
Den leichten Speer, o Knabe! Die Wahrsagung
Zerreißt nicht, und umsonst nicht wartet,
Bis sie erscheinet, Herakles Rückkehr.

An die Hoffnung

O Hoffnung! holde! gütiggeschäftige!
Die du das Haus der Trauernden nicht verschmähst,
Und gerne dienend, Edle, zwischen
Sterblichen wartest und Himmelsmächten,

Wo bist du? wenig lebt' ich; doch atmet kalt
Mein Abend schon. Und stille, den Schatten gleich,
Bin ich schon hier; und schon gesanglos
Schlummert das schaudernde Herz im Busen.

Im grünen Tale, dort, wo der frische Quell
Vom Berge täglich rauscht, und die liebliche
Zeitlose mir am Herbsttag aufblüht,
Dort, in der Stille, du Holde, will ich

Dich suchen, oder wenn in der Mitternacht
Das unsichtbare Leben im Haine wallt,
Und über mir die immerfrohen
Blumen, die blühenden Sterne glänzen,

O du des Äthers Tochter! erscheine dann
Aus deines Vaters Gärten, und darfst du nicht,
Ein Geist der Erde, kommen, schröck', o
Schröcke mit anderem nur das Herz mir.

Dichtermut

(*Erste Fassung*)

Sind denn dir nicht verwandt alle Lebendigen?
Nährt zum Dienste denn nicht selber die Parze dich?

Drum! so wandle nur wehrlos
Fort durch's Leben und sorge nicht!

Was geschiehet, es sei alles gesegnet dir,
Sei zur Freude gewandt! oder was könnte denn
Dich beleidigen, Herz! was
Da begegnen, wohin du sollst?

Denn, wie still am Gestad, oder in silberner
Fernhintönender Flut, oder auf schweigenden
Wassertiefen der leichte
Schwimmer wandelt, so sind auch wir,

Wir, die Dichter des Volks, gerne, wo Lebendes
Um uns atmet und wallt, freudig, und jedem hold,
Jedem trauend; wie sängen
Sonst wir jedem den eignen Gott?

Wenn die Woge denn auch einen der Mutigen
Wo er treulich getraut, schmeichlend hinunterzieht,
Und die Stimme des Sängers
Nun in blauender Halle schweigt;

Freudig starb er und noch klagen die Einsamen,
Seine Haine, den Fall ihres Geliebtesten;
Öfters tönet der Jungfrau
Vom Gezweige sein freundlich Lied.

Wenn des Abends vorbei Einer der Unsern kömmt,
Wo der Bruder ihm sank, denket er manches wohl
An der warnenden Stelle,
Schweigt und gehet gerüsteter.

Blödigkeit

Sind denn dir nicht bekannt viele Lebendigen?
Geht auf Wahrem dein Fuß nicht, wie auf Teppichen?
Drum, mein Genius! tritt nur
Bar ins Leben, und sorge nicht!

Was geschiehet, es sei alles gelegen dir!
Sei zur Freude gereimt, oder was könnte denn
Dich beleidigen, Herz, was
Da begegnen, wohin du sollst?

Denn, seit Himmlischen gleich Menschen, ein einsam Wild,
Und die Himmlischen selbst führet, der Einkehr zu,
Der Gesang und der Fürsten
Chor, nach Arten, so waren auch

Wir, die Zungen des Volks, gerne bei Lebenden,
Wo sich vieles gesellt, freudig und jedem gleich,
Jedem offen; so ist ja
Unser Vater, des Himmels Gott,

Der den denkenden Tag Armen und Reichen gönnt,
Der, zur Wende der Zeit, uns, die Entschlafenden,
Aufgerichtet an goldnen
Gängelbanden, wie Kinder, hält.

Gut auch sind und geschickt einem zu etwas wir,
Wenn wir kommen, mit Kunst, und von den Himmlischen
Einen bringen. Doch selber
Bringen schickliche Hände wir.

Ganymed

Was schläfst du, Bergsohn, liegest in Unmut, schief,
Und frierst am kahlen Ufer, Geduldiger!
Denkst nicht der Gnade du, wenns an den
Tischen die Himmlischen sonst gedürstet?

Kennst drunten du vom Vater die Boten nicht,
Nicht in der Kluft der Lüfte geschärfter Spiel?
Trifft nicht das Wort dich, das voll alten
Geists ein gewanderter Mann dir sendet?

Schon tönets aber ihm in der Brust. Tief quillts,
Wie damals, als hoch oben im Fels er schlief,
Ihm auf. Im Zorne reinigt aber
Sich der Gefesselte nun, nun eilt er,

Der Linkische; der spottet der Schlacken nun,
Und nimmt und bricht und wirft die Zerbrochenen
Zorntrunken, spielend, dort und da zum
Schauenden Ufer, und bei des Fremdlings

Besondrer Stimme stehen die Herden auf,
Es regen sich die Wälder, es hört tief Land
Den Stromgeist fern, und schaudernd regt im
Nabel der Erde der Geist sich wieder.

Der Frühling kömmt. Und jedes, in seiner Art,
Blüht. Der ist aber ferne; nicht mehr dabei.
Irr ging er nun; denn allzugut sind
Genien; himmlisch Gespräch ist sein nun.

Kepler

1789

Unter den Sternen ergehet sich
Mein Geist, die Gefilde des Uranus
Überhin schwebt er und sinnt; einsam ist
Und gewagt, ehernen Tritt heischet die Bahn.

Wandle mit Kraft, wie der Held, einher!
Erhebe die Miene! doch nicht zu stolz,
Denn es naht, siehe es naht, hoch herab
Vom Gefild, wo der Triumph jubelt, der Mann,

Welcher den Denker in Albion,
Den Späher des Himmels um Mitternacht
Ins Gefild tiefern Beschauns leitete,
Und voran leuchtend sich wagt' ins Labyrinth,

Daß der erhabenen Themse Stolz
Im Geiste sich beugend vor seinem Grab,
Ins Gefild würdigern Lohns nach ihm rief:
„Du begannst, Suevias Sohn! wo es dem Blick

Aller Jahrtausende schwindelte;
Und ha! ich vollende, was du begannst,
Denn voran leuchtetest du, Herrlicher!
Im Labyrinth, Strahlen beschwurst du in die Nacht.

Möge verzehren des Lebens Mark
Die Flamm' in der Brust – ich ereile dich,
Ich vollends! denn sie ist groß, ernst und groß,
Deine Bahn, höhnet des Golds, lohnet sich selbst.“

Wonne Walhallas! und ihn gebar
Mein Vaterland? ihn, den die Themse pries?

Der zuerst ins Labyrinth Strahlen schuf,
Und den Pfad, hin an dem Pol, wies dem Gestirn.

Heklas Gedonner vergäß' ich so,
Und, ging' ich auf Ottern, ich bebte nicht
In dem Stolz, daß er aus dir, Suevia!
Sich erhub, unser der Dank Albions ist.

Mutter der Redlichen! Suevia!
Du stille! dir jauchzen Äonen zu,
Du erzogst Männer des Lichts ohne Zahl,
Des Geschlechts Mund, das da kommt, huldiget dir.

Die Eichbäume

Aus den Gärten komm ich zu euch, ihr Söhne des Berges!
Aus den Gärten, da lebt die Natur geduldig und häuslich,
Pflegend und wieder gepflegt mit dem fleißigen Menschen zusammen.
Aber ihr, ihr Herrlichen! steht, wie ein Volk von Titanen
In der zahmeren Welt und gehört nur euch und dem Himmel,
Der euch nährt' und erzog, und der Erde, die euch geboren.
Keiner von euch ist noch in die Schule der Menschen gegangen,
Und ihr drängt euch fröhlich und frei, aus der kräftigen Wurzel,
Untereinander herauf und ergreift, wie der Adler die Beute,
Mit gewaltigem Arme den Raum, und gegen die Wolken
Ist euch heiter und groß die sonnige Krone gerichtet.
Eine Welt ist jeder von euch, wie die Sterne des Himmels

Lebt ihr, jeder ein Gott, in freiem Bunde zusammen.
Könnt ich die Knechtschaft nur erdulden, ich neidete nimmer
Diesen Wald und schmiegte mich gern ans gesellige Leben.
Fesselte nur nicht mehr ans gesellige Leben das Herz mich,
Das von Liebe nicht läßt, wie gern würd ich unter euch wohnen!

Die Muße

Sorglos schlummert die Brust und es ruhn die strengen Gedanken.
Auf die Wiese geh ich hinaus, wo das Gras aus der Wurzel
Frisch, wie die Quelle, mir keimt, wo die liebliche Lippe der Blume
Mir sich öffnet und stumm mit süßem Othem mich anhaucht,
Und an tausend Zweigen des Hains, wie an brennenden Kerzen,
Mir das Flämmchen des Lebens glänzt, die rötliche Blüte,
Wo im sonnigen Quell die zufriedenen Fische sich regen,
Wo die Schwalbe das Nest mit den törigen Jungen umflattert,
Und die Schmetterlinge sich freun und die Bienen, da wandl ich
Mitten in ihrer Lust; ich steh im friedlichen Felde
Wie ein liebender Ulmbaum da, und wie Reben und Trauben
Schlingen sich rund um mich die süßen Spiele des Lebens.

Oder schau ich hinauf zum Berge, der mit Gewölken
Sich die Scheitel umkränzt und die düstern Locken im Winde
Schüttelt, und wenn er mich trägt auf seiner kräftigen Schulter,
Wenn die leichtere Luft mir alle Sinne bezaubert
Und das unendliche Tal, wie eine farbige Wolke
Unter mir liegt, da werd ich zum Adler und ledig des Bodens
Wechselt mein Leben im All der Natur wie Nomaden den Wohnort.

Und nun führt mich der Pfad zurück ins Leben der Menschen,
Fernher dämmert die Stadt, wie eine eherne Rüstung
Gegen die Macht des Gewittergotts und der Menschen
geschmiedet,
Majestätisch herauf, und ringsum ruhen die Dörfchen;
Und die Dächer umhüllt, vom Abendlichte gerötet
Freundlich der häusliche Rauch; es ruhn die sorglich umzäunten
Gärten, es schlummert der Pflug auf den gesonderten Feldern.

Aber ins Mondlicht steigen herauf die zerbrochenen Säulen
Und die Tempeltore, die einst der Furchtbare traf, der geheime
Geist der Unruh, der in der Brust der Erd und der Menschen
Zürnet und gärt, der Unbezwungne, der alte Erobrer,
Der die Städte, wie Lämmer, zerreißt, der einst den Olympus
Stürmte, der in den Bergen sich regt, und Flammen herauswirft,
Der die Wälder entwurzelt und durch den Ozean hinfährt
Und die Schiffe zerschlägt und doch in der ewigen Ordnung
Niemals irre dich macht, auf der Tafel deiner Gesetze
Keine Silbe verwischt, der auch dein Sohn, o Natur, ist,
Mit dem Geiste der Ruh aus Einem Schoße geboren.

Hab ich zu Hause dann, wo die Bäume das Fenster umsäuseln
Und die Luft mit dem Lichte mir spielt, von menschlichem
Leben
Ein erzählendes Blatt zu gutem Ende gelesen:
Leben! Leben der Welt! du liegst wie ein heiliger Wald da,
Sprech ich dann, und es nehme die Axt, wer will, dich zu ebnen,
Glücklich wohn ich in dir.

Meiner verehrungswürdigen Großmutter

zu ihrem 72. Geburtstag

Vieles hast du erlebt, du teure Mutter! und ruhst nun
Glücklich, von Fernen und Nahn liebend beim Namen genannt,
Mir auch herzlich geehrt in des Alters silberner Krone
Unter den Kindern, die dir reifen und wachsen und blühn.
Langes Leben hat dir die sanfte Seele gewonnen
Und die Hoffnung, die dich freundlich in Leiden geführt.
Denn zufrieden bist du und fromm, wie die Mutter, die einst den
Besten der Menschen, den Freund unserer Erde, gebar. –
Ach! sie wissen es nicht, wie der Hohe wandelt' im Volke,
Und vergessen ist fast, was der Lebendige war.
Wenige kennen ihn doch und oft erscheinet erheiternd
Mitten in stürmischer Zeit ihnen das himmlische Bild.
Allversöhnend und still mit den armen Sterblichen ging er,
Dieser einzige Mann, göttlich im Geiste, dahin.
Keines der Lebenden war aus seiner Seele geschlossen
Und die Leiden der Welt trug er an liebender Brust.
Mit dem Tode befreundet' er sich, im Namen der andern
Ging er aus Schmerzen und Müh siegend zum Vater zurück.
Und du kennest ihn auch, du teure Mutter! und wandelst
Glaubend und duldend und still ihm, dem Erhabenen, nach.
Sieh! es haben mich selbst verjüngt die kindlichen Worte,
Und es rinnen, wie einst, Tränen vom Auge mir noch;
Und ich denke zurück an längst vergangene Tage,
Und die Heimat erfreut wieder mein einsam Gemüt,
Und das Haus, wo ich einst bei deinen Segnungen aufwuchs,
Wo, von Liebe genährt, schneller der Knabe gedieh.
Ach! wie dacht ich dann oft, du solltest meiner dich freuen,
Wann ich ferne mich sah wirkend in offener Welt.
Manches hab ich versucht und geträumt und habe die Brust

mir
Wund gerungen indes, aber ihr heilet sie mir,
O ihr Lieben! und lange, wie du, o Mutter! zu leben
Will ich lernen; es ist ruhig das Alter und fromm.
Kommen will ich zu dir; dann segne den Enkel noch Einmal,
Daß dir halte der Mann, was er, als Knabe, gelobt.

Menons Klagen um Diotima

1

Täglich geh' ich heraus, und such' ein Anderes immer,
Habe längst sie befragt alle die Pfade des Lands;
Droben die kühlenden Höhn, die Schatten alle besuch' ich,
Und die Quellen; hinauf irret der Geist und hinab,
Ruh' erbittend; so flieht das getroffene Wild in die Wälder,
Wo es um Mittag sonst sicher im Dunkel geruht;
Aber nimmer erquickt sein grünes Lager das Herz ihm,
Jammernd und schlummerlos treibt es der Stachel umher.
Nicht die Wärme des Lichts, und nicht die Kühle der Nacht hilft,
Und in Wogen des Stroms taucht es die Wunden umsonst.
Und wie ihm vergebens die Erd' ihr fröhliches Heilkraut
Reicht, und das gärende Blut keiner der Zephire stillt,
So, ihr Lieben! auch mir, so will es scheinen, und niemand
Kann von der Stirne mir nehmen den traurigen Traum?

2

Ja! es frommet auch nicht, ihr Todesgötter! wenn einmal
Ihr ihn haltet, und fest habt den bezwungenen Mann,
Wenn ihr Bösen hinab in die schaurige Nacht ihn genommen,

Dann zu suchen, zu flehn, oder zu zürnen mit euch,
Oder geduldig auch wohl im furchtsamen Banne zu wohnen,
Und mit Lächeln von euch hören das nüchterne Lied.
Soll es sein, so vergiß dein Heil, und schlummre klanglos!
Aber doch quillt ein Laut hoffend im Busen dir auf,
Immer kannst du noch nicht, o meine Seele! noch kannst du's
Nicht gewohnen, und träumst mitten im eisernen Schlaf!
Festzeit hab' ich nicht, doch möcht' ich die Locke bekränzen;
Bin ich allein denn nicht? aber ein Freundliches muß
Fernher nahe mir sein, und lächeln muß ich und staunen,
Wie so selig doch auch mitten im Leide mir ist.

3

Licht der Liebe! scheinest du denn auch Toten, du goldnes!
Bilder aus hellerer Zeit leuchtet ihr mir in die Nacht?
Liebliche Gärten seid, ihr abendrötlichen Berge,
Seid willkommen und ihr, schweigende Pfade des Hains,
Zeugen himmlischen Glücks, und ihr, hochschauende Sterne,
Die mir damals so oft segnende Blicke gegönnt!
Euch, ihr Liebenden auch, ihr schönen Kinder des Maitags,
Stille Rosen und euch, Lilien, nenn' ich noch oft!
Wohl gehn Frühlinge fort, ein Jahr verdränget das andre,
Wechselnd und streitend, so tost droben vorüber die Zeit
Über sterblichem Haupt, doch nicht vor seligen Augen,
Und den Liebenden ist anderes Leben geschenkt.
Denn sie all die Tag' und Jahre der Sterne, sie waren
Diotima! um uns innig und ewig vereint;

4

Aber wir, zufrieden gesellt, wie die liebenden Schwäne,
Wenn sie ruhen am See, oder, auf Wellen gewiegt,

Niedersehn in die Wasser, wo silberne Wolken sich spiegeln,
Und ätherisches Blau unter den Schiffenden wallt,
So auf Erden wandelten wir. Und drohte der Nord auch,
Er, der Liebenden Feind, klagenbereitend, und fiel
Von den Ästen das Laub, und flog im Winde der Regen,
Ruhig lächelten wir, fühlten den eigenen Gott
Unter trautem Gespräch; in Einem Seelengesange,
Ganz in Frieden mit uns kindlich und freudig allein.
Aber das Haus ist öde mir nun, und sie haben mein Auge
Mir genommen, auch mich hab' ich verloren mit ihr.
Darum irr' ich umher, und wohl, wie die Schatten, so muß ich
Leben, und sinnlos dünkt lange das übrige mir.

5

Feiern möcht' ich; aber wofür? und singen mit andern,
Aber so einsam fehlt jegliches Göttliche mir.
Dies ist's, dies mein Gebrechen, ich weiß, es lähmet ein Fluch mir
Darum die Sehnen, und wirft, wo ich beginne, mich hin,
Daß ich fühllos sitze den Tag, und stumm wie die Kinder;
Nur vom Auge mir kalt öfters die Träne noch schleicht,
Und die Pflanze des Felds, und der Vögel Singen mich trüb macht,
Weil mit Freuden auch sie Boten des Himmlischen sind.
Aber mir in schaudernder Brust die beseelende Sonne,
Kühl und fruchtlos mir dämmert wie Strahlen der Nacht.
Ach! und nichtig und leer, wie Gefängniswände der Himmel
Eine beugende Last über dem Haupte mir hängt!

6

Sonst mir anders bekannt! o Jugend, und bringen Gebete
Dich nicht wieder, dich nie? führet kein Pfad mich zurück?

Soll es werden auch mir, wie den Götterlosen, die vormals
 Glänzenden Auges doch auch saßen am seligen Tisch',
Aber übersättiget bald, die schwärmenden Gäste
 Nun verstummet, und nun unter der Lüfte Gesang,
Unter blühender Erd' entschlafen sind, bis dereinst sie
 Eines Wunders Gewalt sie, die Versunkenen, zwingt,
Wiederzukehren, und neu auf grünendem Boden zu wandeln. –
 Heiliger Othem durchströmt göttlich die lichte Gestalt,
Wenn das Fest sich beseelt, und Fluten der Liebe sich regen,
 Und vom Himmel getränkt, rauscht der lebendige Strom,
Wenn es drunten ertönt, und ihre Schätze die Nacht zollt,
 Und aus Bächen herauf glänzt das begrabene Gold. –

7

Aber o du, die schon am Scheidewege mir damals,
 Da ich versank vor dir, tröstend ein Schöneres wies,
Du, die Großes zu sehn, und froher die Götter zu singen,
 Schweigend, wie sie, mich einst stillebegeisternd gelehrt;
Götterkind! erscheinest du mir, und grüßest, wie einst, mich,
 Redest wieder, wie einst, höhere Dinge mir zu?
Siehe! weinen vor dir, und klagen muß ich, wenn schon noch,
 Denkend edlerer Zeit, dessen die Seele sich schämt.
Denn so lange, so lang auf matten Pfaden der Erde
 Hab' ich, deiner gewohnt, dich in der Irre gesucht,
Freudiger Schutzgeist! aber umsonst, und Jahre zerronnen,
 Seit wir ahnend um uns glänzen die Abende sahn.

8

Dich nur, dich erhält dein Licht, o Heldin! im Lichte,
 Und dein Dulden erhält liebend, o Gütige, dich;
Und nicht einmal bist du allein; Gespielen genug sind,

Wo du blühest und ruhst unter den Rosen des Jahrs;
Und der Vater, er selbst, durch sanftumatmende Musen
Sendet die zärtlichen Wiegengesänge dir zu.
Ja! noch ist sie es ganz! noch schwebt vom Haupte zur Sohle,
Stillherwandelnd, wie sonst, mir die Athenerin vor.
Und wie! freundlicher Geist! von heitersinnender Stirne
Segnend und sicher dein Strahl unter die Sterblichen fällt;
So bezeugest du mir's, und sagst mir's, daß ich es andern
Wiedersage, denn auch andere glauben es nicht,
Daß unsterblicher doch, denn Sorg' und Zürnen, die Freude
Und ein goldener Tag täglich am Ende noch ist.

9

So will ich, ihr Himmlischen! denn auch danken, und endlich
Atmet aus leichter Brust wieder des Sängers Gebet.
Und wie, wenn ich mit ihr, auf sonniger Höhe mit ihr stand,
Spricht belebend ein Gott innen vom Tempel mich an.
Leben will ich denn auch! schon grünt's! wie von heiliger Leier
Ruft es von silbernen Bergen Apollons voran!
Komm! es war wie ein Traum! die blutenden Fittiche sind ja
Schon genesen, verjüngt leben die Hoffnungen all.
Großes zu finden, ist viel, ist viel noch übrig, und wer so
Liebte, gehet, er muß, gehet zu Göttern die Bahn.
Und geleitet ihr uns, ihr Weihestunden! ihr ernsten,
Jugendlichen! o bleibt, heilige Ahnungen, ihr
Fromme Bitten! und ihr Begeisterungen und all ihr
Guten Genien, die gerne bei Liebenden sind;
Bleibt so lange mit uns, bis wir auf gemeinsamem Boden
Dort, wo die Seligen all niederzukehren bereit,
Dort, wo die Adler sind, die Gestirne, die Boten des Vaters,
Dort, wo die Musen, woher Helden und Liebende sind.

Dort uns, oder auch hier, auf tauender Insel begegnen,
Wo die Unsrigen erst, blühend in Gärten gesellt,
Wo die Gesänge wahr, und länger die Frühlinge schön sind,
Und von neuem ein Jahr unserer Seele beginnt.

Der Wanderer

Einsam stand ich und sah in die afrikanischen dürren
Ebnen hinaus; vom Olymp regnete Feuer herab,
Reißendes! milder kaum, wie damals, da das Gebirg hier
Spaltend mit Strahlen der Gott Höhen und Tiefen gebaut.
Aber auf denen springt kein frischaufgrünender Wald nicht
In die tönende Luft üppig und herrlich empor.
Unbekränzt ist die Stirne des Bergs und beredsame Bäche
Kennet er kaum, es erreicht selten die Quelle das Tal.
Keiner Herde vergeht am plätschernden Brunnen der Mittag,
Freundlich aus Bäumen hervor blickte kein gastliches Dach.
Unter dem Strauche saß ein ernster Vogel gesanglos,
Aber die Wanderer flohn eilend, die Störche, vorbei.
Da bat ich um Wasser dich nicht, Natur! in der Wüste,
Wasser bewahrte mir treulich das fromme Kamel.
Um der Haine Gesang, ach! um die Gärten des Vaters
Bat ich, vom wandernden Vogel der Heimat gemahnt.
Aber du sprachst zu mir: Auch hier sind Götter und walten,
Groß ist ihr Maß, doch es mißt gern mit der Spanne der Mensch.

Und es trieb die Rede mich an, noch Andres zu suchen,
Fern zum nördlichen Pol kam ich in Schiffen herauf.
Still in der Hülse von Schnee schlief da das gefesselte Leben,
Und der eiserne Schlaf harrte seit Jahren des Tags.
Denn zu lang nicht schlang um die Erde den Arm der Olymp hier,
Wie Pygmalions Arm um die Geliebte sich schlang.
Hier bewegt er ihr nicht mit dem Sonnenblicke den Busen,
Und in Regen und Tau sprach er nicht freundlich zu ihr;
Und mich wunderte des und töricht sprach ich: o Mutter
Erde, verlierst du denn immer, als Witwe, die Zeit?
Nichts zu erzeugen ist ja und nichts zu pflegen in Liebe,
Alternd im Kinde sich nicht wiederzusehn, wie der Tod.
Aber vielleicht erwärmst du dereinst am Strahle des Himmels,
Aus dem dürftigen Schlaf schmeichelt sein Othem dich auf;
Daß, wie ein Samkorn, du die eherne Schale zersprengest,
Los sich reißt und das Licht grüßt die entbundene Welt,
All die gesammelte Kraft aufflammt in üppigem Frühling,
Rosen glühen und Wein sprudelt im kärglichen Nord.

Also sagt' ich und jetzt kehr ich an den Rhein, in die Heimat,
Zärtlich, wie vormals, wehn Lüfte der Jugend mich an;
Und das strebende Herz besänftigen mir die vertrauten
Offnen Bäume, die einst mich in den Armen gewiegt,
Und das heilige Grün, der Zeuge des seligen, tiefen
Lebens der Welt, es erfrischt, wandelt zum Jüngling mich um.
Alt bin ich geworden indes, mich bleichte der Eispol,
Und im Feuer des Süds fielen die Locken mir aus.

Aber wenn einer auch am letzten der sterblichen Tage,
  Fernher kommend und müd bis in die Seele noch jetzt
Wiedersähe dies Land, noch Einmal müßte die Wang ihm
  Blühn, und, erloschen fast, glänzte sein Auge noch auf.
Seliges Tal des Rheins! kein Hügel ist ohne den Weinstock,
  Und mit der Traube Laub Mauer und Garten bekränzt,
Und des heiligen Tranks sind voll im Strome die Schiffe,
  Stadt und Inseln, sie sind trunken von Weinen und Obst.
Aber lächelnd und ernst ruht droben der Alte, der Taunus,
  Und mit Eichen bekränzt neiget der Freie das Haupt.

Und jetzt kommt vom Walde der Hirsch, aus Wolken das Tagslicht,
  Hoch in heiterer Luft siehet der Falke sich um.
Aber unten im Tal, wo die Blume sich nähret von Quellen,
  Streckt das Dörfchen bequem über die Wiese sich aus.
Still ists hier. Fern rauscht die immer geschäftige Mühle,
  Aber das Neigen des Tags künden die Glocken mir an.
Lieblich tönt die gehämmerte Sens und die Stimme des Landmanns,
  Der heimkehrend dem Stier gerne die Schritte gebeut,
Lieblich der Mutter Gesang, die im Grase sitzt mit dem Söhnlein;
  Satt vom Sehen entschliefs; aber die Wolken sind rot,
Und am glänzenden See, wo der Hain das offene Hoftor
  Übergrünt und das Licht golden die Fenster umspielt,
Dort empfängt mich das Haus und des Gartens heimliches Dunkel,
  Wo mit den Pflanzen mich einst liebend der Vater erzog;
Wo ich frei, wie Geflügelte, spielt auf luftigen Ästen,
  Oder ins treue Blau blickte vom Gipfel des Hains.
Treu auch bist du von je, treu auch dem Flüchtlinge

blieben,
Freundlich nimmst du, wie einst, Himmel der Heimat, mich auf.

Noch gedeihn die Pfirsiche mir, mich wundern die Blüten,
Fast wie die Bäume steht herrlich mit Rosen der Strauch.
Schwer ist worden indes von Früchten dunkel mein Kirschbaum,
Und der pflückenden Hand reichen die Zweige sich selbst.
Auch zum Walde zieht mich, wie sonst, in die freiere Laube
Aus dem Garten der Pfad oder hinab an den Bach,
Wo ich lag, und den Mut erfreut' am Ruhme der Männer
Ahnender Schiffer; und das konnten die Sagen von euch,
Daß in die Meer' ich fort, in die Wüsten mußt', ihr Gewaltgen!
Ach! indes mich umsonst Vater und Mutter gesucht.
Aber wo sind sie? du schweigst? du zögerst? Hüter des Hauses!
Hab ich gezögert doch auch! habe die Schritte gezählt,
Da ich nahet', und bin, gleich Pilgern, stille gestanden.
Aber gehe hinein, melde den Fremden, den Sohn,
Daß sich öffnen die Arm und mir ihr Segen begegne,
Daß ich geweiht und gegönnt wieder die Schwelle mir sei!
Aber ich ahn es schon, in heilige Fremden dahin sind
Nun auch sie mir, und nie kehret ihr Lieben zurück.

Vater und Mutter? und wenn noch Freunde leben, sie haben
Andres gewonnen, sie sind nimmer die Meinigen mehr.
Kommen werd ich, wie sonst, und die alten, die Namen der Liebe

Nennen, beschwören das Herz, ob es noch schlage, wie sonst,
Aber stille werden sie sein. So bindet und scheidet
Manches die Zeit. Ich dünk ihnen gestorben, sie mir.
Und so bin ich allein. Du aber, über den Wolken,
Vater des Vaterlands! mächtiger Äther! und du,
Erd und Licht! ihr einigen drei, die walten und lieben,
Ewige Götter! mit euch brechen die Bande mir nie.
Ausgegangen von euch, mit euch auch bin ich gewandert,
Euch, ihr Freudigen, euch bring ich erfahrner zurück.
Darum reiche mir nun, bis oben an von des Rheines
Warmen Bergen mit Wein reiche den Becher gefüllt!
Daß ich den Göttern zuerst und das Angedenken der Helden
Trinke, der Schiffer, und dann eures, ihr Trautesten! auch
Eltern und Freund'! und der Mühn und aller Leiden vergesse
Heut und morgen und schnell unter den Heimischen sei.

Brot und Wein

An Heinse

1

Rings um ruhet die Stadt; still wird die erleuchtete Gasse,
Und, mit Fackeln geschmückt, rauschen die Wagen hinweg.
Satt gehn heim von Freuden des Tags zu ruhen die Menschen,

Und Gewinn und Verlust wäget ein sinniges Haupt
Wohlzufrieden zu Haus; leer steht von Trauben und Blumen,
Und von Werken der Hand ruht der geschäftige Markt.
Aber das Saitenspiel tönt fern aus Gärten; vielleicht, daß
Dort ein Liebendes spielt oder ein einsamer Mann
Ferner Freunde gedenkt und der Jugendzeit; und die Brunnen,
Immerquillend und frisch rauschen an duftendem Beet.
Still in dämmriger Luft ertönen geläutete Glocken,
Und der Stunden gedenk rufet ein Wächter die Zahl.
Jetzt auch kommet ein Wehn und regt die Gipfel des Hains auf,
Sieh! und das Schattenbild unserer Erde, der Mond
Kommet geheim nun auch; die Schwärmerische, die Nacht kommt,
Voll mit Sternen und wohl wenig bekümmert um uns,
Glänzt die Erstaunende dort, die Fremdlingin unter den Menschen
Über Gebirgeshöhn traurig und prächtig herauf.

2

Wunderbar ist die Gunst der Hocherhabnen und niemand
Weiß von wannen und was einem geschiehet von ihr.
So bewegt sie die Welt und die hoffende Seele der Menschen,
Selbst kein Weiser versteht, was sie bereitet, denn so
Will es der oberste Gott, der sehr dich liebet, und darum
Ist noch lieber, wie sie, dir der besonnene Tag.
Aber zuweilen liebt auch klares Auge den Schatten
Und versuchet zu Lust, eh' es die Not ist, den Schlaf,
Oder es blickt auch gern ein treuer Mann in die Nacht hin,

Ja, es ziemet sich ihr Kränze zu weihn und Gesang,
Weil den Irrenden sie geheiliget ist und den Toten,
Selber aber besteht, ewig, in freiestem Geist.
Aber sie muß uns auch, daß in der zaudernden Weile,
Daß im Finstern für uns einiges Haltbare sei,
Uns die Vergessenheit und das Heiligtrunkene gönnen,
Gönnen das strömende Wort, das, wie die Liebenden, sei,
Schlummerlos und vollern Pokal und kühneres Leben,
Heilig Gedächtnis auch, wachend zu bleiben bei Nacht.

3

Auch verbergen umsonst das Herz im Busen, umsonst nur
Halten den Mut noch wir, Meister und Knaben, denn wer
Möcht' es hindern und wer möcht' uns die Freude verbieten?
Göttliches Feuer auch treibet, bei Tag und bei Nacht,
Aufzubrechen. So komm! daß wir das Offene schauen,
Daß ein Eigenes wir suchen, so weit es auch ist.
Fest bleibt Eins; es sei um Mittag oder es gehe
Bis in die Mitternacht, immer bestehet ein Maß,
Allen gemein, doch jeglichem auch ist eignes beschieden,
Dahin gehet und kommt jeder, wohin er es kann.
Drum! und spotten des Spotts mag gern frohlockender Wahnsinn
Wenn er in heiliger Nacht plötzlich die Sänger ergreift.
Drum an den Isthmos komm! dorthin, wo das offene Meer rauscht
Am Parnaß und der Schnee delphische Felsen umglänzt,
Dort ins Land des Olymps, dort auf die Höhe Kithärons,
Unter die Fichten dort, unter die Trauben, von wo
Thebe drunten und Ismenos rauscht, im Lande des Kadmos,
Dorther kommt und zurück deutet der kommende Gott.

4

Seliges Griechenland! du Haus der Himmlischen alle,
Also ist wahr, was einst wir in der Jugend gehört?
Festlicher Saal! der Boden ist Meer! und Tische die Berge
Wahrlich zu einzigem Brauche vor Alters gebaut!
Aber die Thronen, wo? die Tempel, und wo die Gefäße,
Wo mit Nektar gefüllt, Göttern zu Lust der Gesang?
Wo, wo leuchten sie denn, die fernhintreffenden Sprüche?
Delphi schlummert und wo tönet das große Geschick?
Wo ist das schnelle? wo brichts, allgegenwärtigen Glücks voll
Donnernd aus heiterer Luft über die Augen herein?
Vater Äther! so riefs und flog von Zunge zu Zunge
Tausendfach, es ertrug keiner das Leben allein;
Ausgeteilet erfreut solch Gut und getauschet, mit Fremden,
Wirds ein Jubel, es wächst schlafend des Wortes Gewalt
Vater! heiter! und hallt, so weit es gehet, das uralt
Zeichen, von Eltern geerbt, treffend und schaffend hinab.
Denn so kehren die Himmlischen ein, tiefschütternd gelangt so
Aus den Schatten herab unter die Menschen ihr Tag.

5

Unempfunden kommen sie erst, es streben entgegen
Ihnen die Kinder, zu hell kommet, zu blendend das Glück,
Und es scheut sie der Mensch, kaum weiß zu sagen ein Halbgott
Wer mit Namen sie sind, die mit den Gaben ihm nahn.
Aber der Mut von ihnen ist groß, es füllen das Herz ihm
Ihre Freuden und kaum weiß er zu brauchen das Gut,
Schafft, verschwendet und fast ward ihm Unheiliges heilig,

Das er mit segnender Hand törig und gütig berührt.
Möglichst dulden die Himmlischen dies; dann aber in Wahrheit
Kommen sie selbst und gewohnt werden die Menschen des Glücks
Und des Tags und zu schaun die Offenbaren, das Antlitz
Derer, welche schon längst Eines und Alles genannt
Tief die verschwiegene Brust mit freier Genüge gefüllet,
Und zuerst und allein alles Verlangen beglückt;
So ist der Mensch; wenn da ist das Gut, und es sorget mit Gaben
Selber ein Gott für ihn, kennet und sieht er es nicht
Tragen muß er, zuvor; nun aber nennt er sein Liebstes,
Nun, nun müssen dafür Worte, wie Blumen, entstehn.

6

Und nun denkt er zu ehren in Ernst die seligen Götter,
Wirklich und wahrhaft muß alles verkünden ihr Lob.
Nichts darf schauen das Licht, was nicht den Hohen gefället,
Vor den Äther gebührt Müßigversuchendes nicht.
Drum in der Gegenwart der Himmlischen würdig zu stehen,
Richten in herrlichen Ordnungen Völker sich auf
Untereinander und baun die schönen Tempel und Städte
Fest und edel, sie gehn über Gestaden empor –
Aber wo sind sie? wo blühn die Bekannten, die Kronen des Festes?
Thebe welkt und Athen; rauschen die Waffen nicht mehr
In Olympia, nicht die goldnen Wagen des Kampfspiels,
Und bekränzen sich denn nimmer die Schiffe Korinths?
Warum schweigen auch sie, die alten heilgen Theater?
Warum freuet sich denn nicht der geweihete Tanz?
Warum zeichnet, wie sonst, die Stirne des Mannes ein Gott

nicht,
Drückt den Stempel, wie sonst, nicht dem Getroffenen auf?
Oder er kam auch selbst und nahm des Menschen Gestalt an
Und vollendet und schloß tröstend das himmlische Fest.

7

Aber Freund! wir kommen zu spät. Zwar leben die Götter
Aber über dem Haupt droben in anderer Welt.
Endlos wirken sie da und scheinens wenig zu achten,
Ob wir leben, so sehr schonen die Himmlischen uns.
Denn nicht immer vermag ein schwaches Gefäß sie zu fassen,
Nur zu Zeiten erträgt göttliche Fülle der Mensch,
Traum von ihnen ist drauf das Leben. Aber das Irrsal
Hilft, wie Schlummer und stark machet die Not und die Nacht,
Bis daß Helden genug in der ehernen Wiege gewachsen,
Herzen an Kraft, wie sonst, ähnlich den Himmlischen sind.
Donnernd kommen sie drauf. Indessen dünket mir öfters
Besser zu schlafen, wie so ohne Genossen zu sein,
So zu harren und was zu tun indes und zu sagen,
Weiß ich nicht und wozu Dichter in dürftiger Zeit?
Aber sie sind, sagst du, wie des Weingotts heilige Priester,
Welche von Lande zu Land zogen in heiliger Nacht.

8

Nämlich, als vor einiger Zeit, uns dünket sie lange,
Aufwärts stiegen sie all, welche das Leben beglückt,
Als der Vater gewandt sein Angesicht von den Menschen,

Und das Trauern mit Recht über der Erde begann,
Als erschienen zuletzt ein stiller Genius, himmlisch
Tröstend, welcher des Tags Ende verkündet' und schwand,
Ließ zum Zeichen, daß einst er da gewesen und wieder
Käme, der himmlische Chor einige Gaben zurück,
Derer menschlich, wie sonst, wir uns zu freuen vermöchten,
Denn zur Freude mit Geist, wurde das Größre zu groß
Unter den Menschen und noch, noch fehlen die Starken zu höchsten
Freuden, aber es lebt stille noch einiger Dank.
Brot ist der Erde Frucht, doch ists vom Lichte gesegnet,
Und vom donnernden Gott kommet die Freude des Weins.
Darum denken wir auch dabei der Himmlischen, die sonst
Da gewesen und die kehren in richtiger Zeit,
Darum singen sie auch mit Ernst die Sänger den Weingott
Und nicht eitel erdacht tönet dem Alten das Lob.

9

Ja! sie sagen mit Recht, er söhne den Tag mit der Nacht aus
Führe des Himmels Gestirn ewig hinunter, hinauf,
Allzeit froh, wie das Laub der immergrünenden Fichte,
Das er liebt und der Kranz, den er von Efeu gewählt,
Weil er bleibet indes die erkrankte Erde der Gott hält
Langsamdonnernd und Lust unter das Finstere bringt.
Was der Alten Gesang von Kindern Gottes geweissagt,
Siehe! wir sind es, wir; Frucht von Hesperien ists!
Wunderbar und genau ists als an Menschen erfüllet,
Glaube, wer es geprüft! aber so vieles geschieht
Keines wirket, denn wir sind herzlos, Schatten, bis unser
Vater Äther erkannt jeden und allen gehört.

Mit allen Himmlischen kommt als Fackelschwinger des Höchsten
Sohn, der Syrier, unter die Schatten herab.
Selige Weise sehns; ein Lächeln aus der gefangnen
Seele leuchtet, dem Licht tauet ihr Auge noch auf.
Sanfter träumet und schläft in Armen der Erde der Titan,
Selbst der neidische, selbst Cerberus trinket und schläft.

Hyperions Schicksalslied

Ihr wandelt droben im Licht
Auf weichem Boden, selige Genien!
Glänzende Götterlüfte
Rühren euch leicht,
Wie die Finger der Künstlerin
Heilige Saiten.

Schicksallos, wie der schlafende
Säugling, atmen die Himmlischen;
Keusch bewahrt
In bescheidener Knospe,
Blühet ewig
Ihnen der Geist,
Und die seligen Augen
Blicken in stiller
Ewiger Klarheit.

Doch uns ist gegeben,
Auf keiner Stätte zu ruhn,
Es schwinden, es fallen
Die leidenden Menschen
Blindlings von einer
Stunde zur andern,
Wie Wasser von Klippe

Zu Klippe geworfen,
 Jahr lang ins Ungewisse hinab.

Hälfte des Lebens

Mit gelben Birnen hänget
Und voll mit wilden Rosen
Das Land in den See,
Ihr holden Schwäne,
Und trunken von Küssen
Tunkt ihr das Haupt
Ins heilignüchterne Wasser.

Weh mir, wo nehm ich, wenn
Es Winter ist, die Blumen, und wo
Den Sonnenschein,
Und Schatten der Erde?
Die Mauern stehn
Sprachlos und kalt, im Winde
Klirren die Fahnen.

Am Quell der Donau

(*unvollendet*)

Der allein erhaltene Entwurf für die beiden ersten Strophen lautet:

Dich, Mutter Asia! grüß ich, ... und fern im Schatten der alten Wälder ruhest, und deiner Taten denkst, der Kräfte, da du, tausendjahralt voll himmlischer Feuer, und trunken ein unendlich Frohlocken erhubst, daß uns nach jener Stimme das Ohr noch jetzt, o Tausendjährige, tönet.

Nun aber ruhest du, und wartest, ob vielleicht dir aus lebendiger Brust ein Widerklang der Liebe dir begegnet, ... mit der Donau, wenn herab vom Haupte sie dem Orient entgegengeht und die Welt sucht und gerne die Schiffe trägt, auf kräftiger Woge komm ich zu dir.

Denn, wie wenn hoch von der herrlichgestimmten, der Orgel
Im heiligen Saal,
Reinquillend aus den unerschöpflichen Röhren,
Das Vorspiel, weckend, des Morgens beginnt
Und weitumher, von Halle zu Halle,
Der erfrischende nun, der melodische Strom rinnt,
Bis in den kalten Schatten das Haus
Von Begeisterungen erfüllt,
Nun aber erwacht ist, nun, aufsteigend ihr,
Der Sonne des Fests, antwortet
Der Chor der Gemeinde; so kam
Das Wort aus Osten zu uns,
Und an Parnassos Felsen und am Kithäron hör' ich
O Asia, das Echo von dir und es bricht sich
Am Kapitol und jählings herab von den Alpen

Kommt eine Fremdlingin sie
Zu uns, die Erweckerin,
Die menschenbildende Stimme.
Da faßt' ein Staunen die Seele
Der Getroffenen all und Nacht
War über den Augen der Besten.
Denn vieles vermag
Und die Flut und den Fels und Feuersgewalt auch
Bezwinget mit Kunst der Mensch
Und achtet, der Hochgesinnte, das Schwert

Nicht, aber es steht
Vor Göttlichem der Starke niedergeschlagen,

Und gleichet dem Wild fast; das,
Von süßer Jugend getrieben,
Schweift rastlos über die Berg'
Und fühlet die eigene Kraft
In der Mittagshitze. Wenn aber
Herabgeführt, in spielenden Lüften,
Das heilige Licht, und mit dem kühleren Strahl
Der freudige Geist kommt zu
Der seligen Erde, dann erliegt es, ungewohnt
Des Schönsten und schlummert wachenden Schlaf,
Noch ehe Gestirn naht. So auch wir. Denn manchen erlosch
Das Augenlicht schon vor den göttlichgesendeten Gaben,

Den freundlichen, die aus Ionien uns,
Auch aus Arabia kamen, und froh ward
Der teuern Lehr' und auch der holden Gesänge
Die Seele jener Entschlafenen nie,
Doch einige wachten. Und sie wandelten oft
Zufrieden unter euch, ihr Bürger schöner Städte,
Beim Kampfspiel, wo sonst unsichtbar der Heros
Geheim bei Dichtern saß, die Ringer schaut und lächelnd
Pries, der gepriesene, die müßigernsten Kinder.
Ein unaufhörlich Lieben wars und ists.
Und wohlgeschieden, aber darum denken
Wir aneinander doch, ihr Fröhlichen am Isthmos,
Und am Cephyß und am Taygetos,
Auch eurer denken wir, ihr Tale des Kaukasos,
So alt ihr seid, ihr Paradiese dort
Und deiner Patriarchen und deiner Propheten,

O Asia, deiner Starken, o Mutter!
Die furchtlos vor den Zeichen der Welt,

Und den Himmel auf Schultern und alles Schicksal,
Taglang auf Bergen gewurzelt,
Zuerst es verstanden,
Allein zu reden
Zu Gott. Die ruhn nun. Aber wenn ihr
Und dies ist zu sagen,
Ihr Alten all, nicht sagtet, woher?
Wir nennen dich, heiliggenötiget, nennen,
Natur! dich wir, und neu, wie dem Bad entsteigt
Dir alles Göttlichgeborne.

Zwar gehn wir fast, wie die Waisen;
Wohl ists, wie sonst, nur jene Pflege nicht wieder;
Doch Jünglinge, der Kindheit gedenk,
Im Hause sind auch diese nicht fremde.
Sie leben dreifach, eben wie auch
Die ersten Söhne des Himmels.
Und nicht umsonst ward uns
In die Seele die Treue gegeben.
Nicht uns, auch Eures bewahrt sie,
Und bei den Heiligtümern, den Waffen des Worts
Die scheidend ihr den Ungeschickteren uns
Ihr Schicksalssöhne, zurückgelassen

Ihr guten Geister, da seid ihr auch,
Oftmals, wenn einen dann die heilige Wolk umschwebt,
Da staunen wir und wissens nicht zu deuten.
Ihr aber würzt mit Nektar uns den Othem
Und dann frohlocken wir oft oder es befällt uns
Ein Sinnen, wenn ihr aber einen zu sehr liebt
Er ruht nicht, bis er euer einer geworden.
Darum, ihr Gütigen! umgebet mich leicht,
Damit ich bleiben möge, denn noch ist manches zu singen,
Jetzt aber endiget, seligweinend,

Wie eine Sage der Liebe,
Mir der Gesang, und so auch ist er
Mir, mit Erröten, Erblassen,
Von Anfang her gegangen. Doch Alles geht so.

Die Wanderung

Glückselig Suevien, meine Mutter,
Auch du, der glänzenderen, der Schwester
Lombarda drüben gleich,
Von hundert Bächen durchflossen!
Und Bäume genug, weißblühend und rötlich,
Und dunklere, wild, tiefgrünenden Laubs voll
Und Alpengebirg der Schweiz auch überschattet
Benachbartes dich; denn nah dem Herde des Hauses
Wohnst du, und hörst, wie drinnen
Aus silbernen Opferschalen
Der Quell rauscht, ausgeschüttet
Von reinen Händen, wenn berührt

Von warmen Strahlen
Kristallenes Eis und umgestürzt
Vom leichtanregenden Lichte
Der schneeige Gipfel übergießt die Erde
Mit reinestem Wasser. Darum ist
Dir angeboren die Treue. Schwer verläßt,
Was nahe dem Ursprung wohnet, den Ort.
Und deine Kinder, die Städte,
Am weithindämmernden See,
An Neckars Weiden, am Rheine
Sie alle meinen, es wäre
Sonst nirgend besser zu wohnen.

Ich aber will dem Kaukasos zu!
Denn sagen hört' ich
Noch heut in den Lüften
Frei sei'n, wie Schwalben, die Dichter.
Auch hat mir ohnedies
In jüngeren Tagen eines vertraut,
Es seien vor alter Zeit
Die Eltern einst, das deutsche Geschlecht,
Still fortgezogen von Wellen der Donau
Am Sommertage, da diese
Sich Schatten suchten zusammen
Mit Kindern der Sonn'
Am schwarzen Meere gekommen;
Und nicht umsonst sei dies
Das gastfreundliche genennet.

Denn, als sie erst sich angesehen,
Da nahten die anderen erst; dann satzten auch
Die Unseren sich neugierig unter den Ölbaum.
Doch als sich ihre Gewande berührt,
Und keiner vernehmen konnte
Die eigene Rede des andern, wäre wohl
Entstanden ein Zwist, wenn nicht aus Zweigen herunter
Gekommen wäre die Kühlung,
Die Lächeln über das Angesicht
Der Streitenden öfters breitet, und eine Weile
Sahn still sie auf, dann reichten sie sich
Die Hände liebend einander. Und bald

Vertauschten sie Waffen und all
Die lieben Güter des Hauses,
Vertauschten das Wort auch und es wünschten
Die freundlichen Väter umsonst nichts

Beim Hochzeitjubel den Kindern.
Denn aus den heiligvermählten
Wuchs schöner, denn alles,
Was vor und nach
Von Menschen sich nannt', ein Geschlecht auf. Wo,
Wo aber wohnt ihr, liebe Verwandten,
Daß wir das Bündnis wiederbegehn,
Und der teuern Ahnen gedenken.

Dort an den Ufern, unter den Bäumen
Ionias, in Ebenen des Kaysters,
Wo Kraniche, des Äthers froh,
Umschlossen sind von fernhindämmernden Bergen;
Dort wart auch ihr, ihr Schönsten! oder pflegtet
Der Inseln, die mit Wein bekränzt,
Voll tönten von Gesang; noch andere wohnten
Am Tayget, am vielgepriesnen Hymettos,
Die blühten zuletzt; doch von
Parnassos Quell bis zu des Tmolos
Goldglänzenden Bächen erklang
Ein ewiges Lied; so rauschten
Damals die Wälder und all
Die Saitenspiele zusamt
Von himmlischer Milde gerühret.

O Land des Homer!
Am purpurnen Kirschbaum oder wenn
Von dir gesandt im Weinberg mir
Die jungen Pfirsiche grünen,
Und die Schwalbe fernher kommt und vieles erzählend
An meinen Wänden ihr Haus baut, in
Den Tagen des Mais, auch unter den Sternen
Gedenk' ich, o Ionia, dein! doch Menschen

Ist Gegenwärtiges lieb. Drum bin ich
Gekommen, euch, ihr Inseln, zu sehn, und euch,
Ihr Mündungen der Ströme, Hallen der Thetis,
Ihr Wälder, euch, und euch, ihr Wolken des Ida!

Doch nicht zu bleiben gedenk ich.
Unfreundlich ist und schwer zu gewinnen
Die Verschlossene, der ich entkommen, die Mutter.
Von ihren Söhnen einer, der Rhein,
Mit Gewalt wollt' er ans Herz ihr stürzen und schwand
Der Zurückgestoßene, niemand weiß, wohin, in die Ferne.
Doch so nicht wünscht' ich gegangen zu sein,
Von ihr und nur, euch einzuladen,
Bin ich zu euch, ihr Grazien Griechenlands,
Ihr Himmelstöchter, gegangen,
Daß, wenn die Reise zu weit nicht ist,
Zu uns ihr kommet, ihr Holden!

Wenn milder atmen die Lüfte,
Und liebende Pfeile der Morgen
Uns Allzugeduldigen schickt,
Und leichte Gewölke blühn
Uns über den schüchternen Augen,
Dann werden wir sagen, wie kommt
Ihr, Charitinnen, zu Wilden?
Die Dienerinnen des Himmels
Sind aber wunderbar,
Wie alles Göttlichgeborne.
Zum Traume wirds ihm will es einer
Beschleichen und straft den, der
Ihm gleichen will mit Gewalt;

Oft überraschet es einen,
Der eben kaum es gedacht hat.

Germanien

Nicht sie, die Seligen, die erschienen sind,
Die Götterbilder in dem alten Lande,
Sie darf ich ja nicht rufen mehr, wenn aber
Ihr heimatlichen Wasser! jetzt mit euch
Des Herzens Liebe klagt, was will es anders
Das Heiligtrauernde? Denn voll Erwartung liegt
Das Land, und als in heißen Tagen
Herabgesenkt, umschattet heut
Ihr Sehnenden! uns ahnungsvoll ein Himmel.
Voll ist er von Verheißungen und scheint
Mir drohend auch, doch will ich bei ihm bleiben,
Und rückwärts soll die Seele mir nicht fliehn
Zu euch, Vergangene! die zu lieb mir sind.
Denn euer schönes Angesicht zu sehn,
Als wärs, wie sonst, ich fürcht' es, tödlich ists,
Und kaum erlaubt, Gestorbene zu wecken.

Entflohene Götter! auch ihr, ihr gegenwärtigen, damals
Wahrhaftiger, ihr hattet eure Zeiten!
Nichts leugnen will ich hier und nichts erbitten.
Denn wenn es aus ist und der Tag erloschen,
Wohl triffts den Priester erst, doch liebend folgt
Der Tempel und das Bild ihm auch und seine Sitte
Zum dunkeln Land, und keines mag noch scheinen.
Nur als von Grabesflammen, ziehet dann
Ein goldner Rauch, die Sage, drob hinüber,
Und dämmert jetzt uns Zweifelnden um das Haupt,
Und keiner weiß, wie ihm geschieht. Er fühlt

Die Schatten derer, so gewesen sind,
Die Alten, so die Erde neubesuchen.
Denn die da kommen sollen, drängen uns,
Und länger säumt von Göttermenschen
Die heilige Schar nicht mehr im blauen Himmel.

Schon grünet ja, im Vorspiel rauherer Zeit
Für sie erzogen, das Feld, bereitet ist die Gabe
Zum Opfermahl, und Tal und Ströme sind
Weitoffen um prophetische Berge,
Daß schauen mag bis in den Orient
Der Mann und ihn von dort der Wandlungen viele bewegen.
Vom Äther aber fällt
Das treue Bild, und Göttersprüche regnen
Unzählbare von ihm, und es tönt im innersten Haine.
Und der Adler, der vom Indus kömmt,
Und über des Parnasses
Beschneite Gipfel fliegt, hoch über den Opferhügeln
Italias, und frohe Beute sucht
Dem Vater, nicht wie sonst, geübter im Fluge
Der Alte, jauchzend überschwingt er
Zuletzt die Alpen und sieht die vielgearteten Länder.

Die Priesterin, die stillste Tochter Gottes,
Sie, die zu gern in tiefer Einfalt schweigt,
Sie suchet er, die offnen Auges schaute,
Als wüßte sie es nicht, jüngst da ein Sturm
Toddrohend über ihrem Haupt ertönte;
Es ahnete das Kind ein Besseres,
Und endlich ward ein Staunen weit im Himmel,
Weil Eines groß an Glauben, wie sie selbst,
Die segnende, die Macht der Höhe sei;
Drum sandten sie den Boten, der, sie schnell

erkennend
Denkt lächelnd so: Dich, unzerbrechliche, muß
Ein ander Wort erprüfen und ruft es laut,
Der Jugendliche, nach Germania schauend:
„Du bist es, auserwählt,
Alliebend und ein schweres Glück
Bist du zu tragen stark geworden,
Seit damals, da im Walde versteckt und blühendem Mohn
Voll süßen Schlummers, trunkene, meiner du
Nicht achtetest, lang, ehe noch auch Geringere fühlten
Der Jungfrau Stolz und staunten, wes du wärst und woher,
Doch du es selbst nicht wußtest. Ich mißkannte dich nicht,
Und heimlich, da du träumtest, ließ ich
Am Mittag scheidend dir ein Freundeszeichen,
Die Blume des Mundes zurück und du redetest einsam.
Doch Fülle der goldenen Worte sandtest du auch
Glückselige! mit den Strömen, und sie quillen unerschöpflich
In die Gegenden all. Denn fast, wie der heiligen,
Die Mutter ist von allem,
Die Verborgene sonst genannt von Menschen,
So ist von Lieben und Leiden
Und voll von Ahnungen dir
Und voll von Frieden der Busen.

O trinke Morgenlüfte,
Bis daß du offen bist,
Und nenne, was vor Augen dir ist,
Nicht länger darf Geheimnis mehr
Das Ungesprochene bleiben,
Nachdem es lange verhüllt ist;

Denn Sterblichen geziemet die Scham,
Und so zu reden die meiste Zeit
Ist weise auch, von Göttern.
Wo aber überflüssiger, denn lautere Quellen,
Das Gold und ernst geworden ist der Zorn an dem Himmel,
Muß zwischen Tag und Nacht
Einsmals ein Wahres erscheinen.
Dreifach umschreibe du es,
Doch ungesprochen auch, wie es da ist,
Unschuldige, muß es bleiben.

O nenne, Tochter du der heiligen Erd,
Einmal die Mutter. Es rauschen die Wasser am Fels
Und Wetter im Wald, und bei dem Namen derselben
Tönt auf aus alter Zeit Vergangengöttliches wieder.
Wie anders ists! und rechthin glänzt und spricht
Zukünftiges auch erfreulich aus den Fernen.
Doch in der Mitte der Zeit
Lebt ruhig mit geweihter
Jungfräulicher Erde der Äther,
Und gerne, zur Erinnerung, sind
Die unbedürftigen, sie
Gastfreundlich bei den unbedürftgen
Bei deinen Feiertagen,
Germania, wo du Priesterin bist
Und wehrlos Rat gibst rings
Den Königen und den Völkern."

Der Einzige

Zweite Fassung

Was ist es, das
An die alten seligen Küsten
Mich fesselt, daß ich mehr noch
Sie liebe, als mein Vaterland?
Denn wie in himmlischer
Gefangenschaft gebückt, in flammender Luft
Dort bin ich, wo, wie Steine sagen, Apollo ging
In Königsgestalt,
Und zu unschuldigen Jünglingen sich
Herabließ Zeus und Söhn in heiliger Art
Und Töchter zeugte
Der Hohe unter den Menschen.

Der hohen Gedanken
Sind nämlich viel
Entsprungen des Vaters Haupt,
Und große Seelen
Von ihm zu Menschen gekommen.
Gehöret hab ich
Von Elis und Olympia, bin
Gestanden oben auf dem Parnaß,
Und über Bergen des Isthmus,
Und drüben auch
Bei Smyrna und hinab
Bei Ephesos bin ich gegangen;

Viel hab ich Schönes gesehn,
Und gesungen Gottes Bild
Hab ich, das lebet unter
Den Menschen, denn sehr dem Raum gleich ist
Das Himmlische reichlich in

Der Jugend zählbar, aber dennoch,
O du der Sterne Leben und all
Ihr tapfern Söhne des Lebens,
Noch Einen such ich, den
Ich liebe unter euch,
Wo ihr den letzten eures Geschlechts,
Der Hauses Kleinod, mir
Dem fremden Gaste bewahret.

Mein Meister und Herr!
O du, mein Lehrer!
Was bist du ferne
Geblieben? und da
Ich fragte unter den Alten,
Die Helden und
Die Götter, warum bliebest
Du aus? Und jetzt ist voll
Von Trauern meine Seele,
Als eifertet ihr Himmlischen selbst,
Daß, dien ich einem, mir
Das andere fehlet.

Ich weiß es aber, eigene Schuld ists! Denn zu sehr,
O Christus! häng ich an dir, wiewohl Herakles' Bruder,
Und kühn bekenn ich, du bist Bruder auch des Eviers, der
Die Todeslust der Völker aufhält und zerreißet den Fallstrick,
Fein sehen die Menschen, daß sie
Nicht gehn den Weg des Todes und hüten das Maß, daß
einer
Etwas für sich ist, den Augenblick,
Das Geschick der großen Zeit auch,
Ihr Feuer fürchtend, treffen sie, und wo
Des Wegs ein anderes geht, da sehen sie

Auch, wo ein Geschick sei, machen aber
Das sicher, Menschen gleichend oder Gesetzen.

Es entbrennet aber sein Zorn; daß nämlich
Das Zeichen die Erde berührt, allmählich
Aus Augen gekommen, als an einer Leiter.
Diesmal. Eigenwillig sonst, unmäßig
Grenzlos, daß der Menschen Hand
Anficht das Lebende, mehr auch, als sich schicket
Für einen Halbgott, Heiliggesetztes übergeht
Der Entwurf. Seit nämlich böser Geist sich
Bemächtiget des glücklichen Altertums, unendlich,
Langher währt Eines, gesangsfeind, klanglos, das
In Maßen vergeht, des Sinnes Gewaltsames. Ungebundenes aber
Hasset Gott. Fürbittend aber

Hält ihn der Tag von dieser Zeit, stillschaffend,
Des Weges gehend, die Blüte der Jahre,
Und Kriegsgetön, und Geschichte der Helden unterhält, hartnäckig Geschick,
Die Sonne Christi, Gärten der Büßenden, und
Der Pilgrime Wandern und der Völker ihn, und des Wächters
Gesang und die Schrift
Des Barden oder Afrikaners. Ruhmloser auch
Geschick hält ihn, die an den Tag
Jetzt erst recht kommen, das sind väterliche Fürsten. Denn viel ist der Stand
Gottgleicher, denn sonst. Denn Männer mehr
Gehöret das Licht. Nicht Jünglingen.
Das Vaterland auch. Nämlich frisch

Noch unerschöpflich und voll mit Locken.
Der Vater der Erde freuet nämlich sich des

Auch, daß Kinder sind, so bleibet eine Gewißheit
Des Guten. So auch freuet
Das ihn, daß eines bleibet.
Auch einige sind, gerettet, als
Auf schönen Inseln. Gelehrt sind die.
Versuchungen sind nämlich
Grenzlos an die gegangen.
Zahllose gefallen. Also ging es, als
Der Erde Vater bereitet Ständiges
In Stürmen der Zeit. Ist aber geendet.

Der Frühling

Der Mensch vergißt die Sorgen aus dem Geiste,
Der Frühling aber blüht, und prächtig ist das meiste,
Das grüne Feld ist herrlich ausgebreitet,
Da glänzend schön der Bach hinuntergleitet.

Die Berge stehn bedecket mit den Bäumen,
Und herrlich ist die Luft in offnen Räumen,
Das weite Tal ist in der Welt gedehnet
Und Turm und Haus an Hügeln angelehnet.

Diotima

Leuchtest du wie vormals nieder,
Goldner Tag! und sprossen mir
Des Gesanges Blumen wieder
Lebenatmend auf zu dir?
Wie so anders ists geworden!
Manches, was ich trauernd mied,

Stimmt in freundlichen Akkorden
Nun in meiner Freude Lied,
Und mit jedem Stundenschlage
Werd ich wunderbar ermahnt
An der Kindheit stille Tage,
Seit ich Sie, die Eine, fand.

Diotima! edles Leben!
Schwester, heilig mir verwandt!
Eh ich dir die Hand gegeben,
Hab ich ferne dich gekannt.
Damals schon, da ich in Träumen,
Mir entlockt vom heitren Tag,
Unter meines Gartens Bäumen,
Ein zufriedner Knabe lag,
Da in leiser Lust und Schöne
Meiner Seele Mai begann,
Säuselte, wie Zephirstöne,
Göttliche! dein Geist mich an.

Ach! und da, wie eine Sage,
Jeder frohe Gott mir schwand,
Da ich vor des Himmels Tage
Darbend, wie ein Blinder stand,
Da die Last der Zeit mich beugte,
Und mein Leben kalt und bleich,
Sehnend schon hinab sich neigte
In der Toten stummes Reich:
Wünscht ich öfters noch, dem blinden
Wandrer, dies Eine mir,
Meines Herzens Bild zu finden
Bei den Schatten oder hier.

Nun! ich habe dich gefunden!
Schöner, als ich ahndend sah,

Hoffend in den Feierstunden,
Holde Muse! bist du da;
Von den Himmlischen dort oben,
Wo hinauf die Freude flieht,
Wo, des Alterns überhoben,
Immerheitre Schöne blüht,
Scheinst Du mir herabgestiegen,
Götterbotin! weiltest du
Nun in gütigem Genügen
Bei dem Sänger immerzu.

Sommerglut und Frühlingsmilde,
Streit und Frieden wechseln hier
Vor dem stillen Götterbilde
Wunderbar im Busen mir;
Zürnend unter Huldigungen
Hab ich oft, beschämt, besiegt,
Sie zu fassen, schon gerungen,
Die mein Kühnstes überfliegt;
Unzufrieden im Gewinne,
Hab ich stolz darob geweint,
Daß zu herrlich meinem Sinne
Und zu mächtig sie erscheint.

Ach! an deine stille Schöne,
Selig holdes Angesicht!
Herz! an deine Himmelstöne
Ist gewohnt das meine nicht;
Aber deine Melodien
Heitern mälig mir den Sinn,
Daß die trüben Träme fliehen,
Und ich selbst ein andrer bin;
Bin ich dazu denn erkoren?
Ich zu deiner hohen Ruh,

So zu Licht und Lust geboren,
Göttlichglückliche! wie du? -

Wie dein Vater und der meine,
Der in heitrer Majestät
Über seinem Eichenhaine
Dort in lichter Höhe geht,
Wie er in die Meereswogen,
Wo die kühle Tiefe blaut,
Steigend von des Himmels Bogen,
Klar und still herunterschaut:
So will ich aus Götterhöhen,
Neu geweiht in schönrem Glück,
Froh zu singen und zu sehen,
Nun zu Sterblichen zurück.